失去，如何療癒

RECOVERING FROM LOSSES IN LIFE

諾曼・萊特 —— 著
H. NORMAN WRIGHT
金幼竹 —— 譯

目錄

第一章

人生的種種失去

失去，這短短兩個字，可說是人生的幾個「終身伴侶」之一，只是我們很少去提它。

她站在一大群人前面，容光煥發，充滿信心，笑容滿面地與人們交通，時而放聲大笑，很顯然地，她似乎對任何事都有很高的興致，使人不覺猜想，她的人生一定非常美滿。

但是，那群人當中有幾個正好相反，他們被一種悲哀籠罩著，表情僵硬，擠不出任何笑容，也發不出一點笑聲，他們彷彿連活著的自信都沒有。很快地，女講員就注意到了這一小群人，她洞察到他們靜默的掙扎，於是，在休息時間，她特意向他們走去。

一個接著一個，這一小群人開始向她傾訴他們的故事。一位男士失去做了二十多年的工作，一位母親在照顧她愛滋病後期的兒子，另一位女士在三個月前失去了她的丈夫，還有另外一位男士長期忍受著背痛的煎熬，他四處尋醫，但沒有一個專家能找出根本的病因。

講員細心聽著這些人的故事，然後感嘆地說：「看來，我們有許多共通之處，因為我們都經歷了人生極大的創傷和低谷。」

聽到她這麼說，其中一位男士回答：「的確，『我們』這些人有很多共同點，但你不可能經歷過像我們這麼大的痛苦。今天晚上，我們看著你在台上說話的樣子，我們都知道，你絕不可能像我們那樣掙扎過。」

講員笑著回答：「你這麼說也有道理，因為當你說我『現在』沒像你們那樣掙扎的時候，你說對了，我『現在』的確沒有。但是，我『過去』有的，我完全知道那種心境是什麼。兩年前，我就處在你們現在的狀況——由於我先生不忠，我們離了婚。我失去了自己的房子，沒多久，我父親又突然心臟病發，離開了人間。我當時掉進了絕望的深淵。其實我到現在還時常在哀慟裡掙扎，嘗試從許多的失喪中漸漸恢復，只是我現在是在一個與你們不同的階段。過去，我也曾卡在你們現在的處境。反過來說，有一天你們也將到達我此刻的恢復階段。」

失去，這短短的兩個字，可以說是人生的幾個「終身伴侶」之一，只是我們很少去提它，彷彿，人與人之間有一個陰謀或默契，大家會自然而然地對它視而不見。然而，每當我們面臨一份失去的時候，就面臨了許多潛在的改變：生命的成長，對人生有新的洞見和了解，變得更加成熟。所有這些描述都很積極並充滿了希望，問題是，它們都在「未來」等著我們，而當我們沉浸在自己的哀慟中時，常常看不見那美好的遠景。

世界上沒有人喜歡失去的經驗，人生應該是不斷地獲得，光是看看體育版的頭條新聞，你就知道，所有的獎金、獎牌都是頒給得勝的贏家，而不是給落敗的輸家。失去帶給我們的是疼痛，它尖銳的刀口戳進我們傷口的神經，造成難以忍受的痛苦。不管我們失去的是大是小，失去帶來的是清一色的「痛」。而如果我們沒有學會如何處理失去，那個疼痛就更具威力。我們都想作個贏家，想要控制自己的生活，所以，我們在周圍建立起一堵高牆，並插上一個牌子以示警告：「失去——你不准越過這個界限！」而如果它居然有膽闖進來，我們就覺得自己被什麼強盜或小偷大大地侵犯了。

在我們的社會裡，很奇怪的，那些正經歷失去的人，常會成了人們指指點點的罪魁禍首：

「她大概不是個好太太，所以先生才會拋棄她。」

「他們一定沒有盡到父母的責任，否則，那孩子留在教會裡，就不會和不良少年混在一起了。」

「他的工作沒了，不知道他哪裡犯了錯。」

「如果他們活得像基督徒，這種事情就不會發生在他們身上了。」

「他們早該知道，不能把房子蓋在那裡。」

你是否也曾經對別人或對自己產生這些責怪的想法呢？

這種態度已經跟著人類歷史很久了，在約翰福音九章一至三節裡，當門徒看到了一個盲人，他們的反應是這樣的：

耶穌過去的時候，看見一個人生來是瞎眼的。門徒問耶穌說：「拉比，這人生來是瞎眼的，是誰犯了罪？是這人呢？是他父母呢？」耶穌回答說：「也不是這人犯了罪，也不是他父母犯了罪，是要在他身上顯出上帝的作為來。」

其實，到目前為止，你的人生已經經歷了許多的失去了。你可能沒有發現到它們的存在，你也可能根本不知道你所經歷的就是人生的失去。那些失去的經歷，有的也許才剛在二十四小時以內發生，但有許多可能已經跟著你很多年了。你對失去的反應如何，還有，你是否讓它嚴重影響到你，這些都可以決定你的未來。你無法防止人生的失去，你也不能對它們聳聳肩就算了。要知道，失去本身並不是我們的敵人，不去面對它的存在才是。很不幸的，多數人都已發展出一套很熟練的自衛系統，去否認和避免失去的痛苦，只有很少數的智者會真的去面對和接受失去的事實。

即使你想要忘掉你所失去的，你在情感上所經驗到與那個人事物的關係，卻已經深植在心裡了，世界上沒有任何橡皮擦可以把它擦去。每當我們對任何人事物有所依戀，一旦關係斷裂，就難免會產生失去的感覺。因此，我們生命裡充滿了各種與人事物或夢想的斷裂關係，而在那之後，新的關係又會不斷產生。事實上，我們需要在每一次關係破裂時，就勇敢面對接踵而來的失落感。

你的失落感有多嚴重，與你所失去的是否能夠被取代，有很直接的關聯。當你失去了心愛的運動器材，或車子被撞壞時，你會有好幾天或幾星期都感到不快，但是，如果你所失去的是自己的孩子或配偶，或者，你的房子被颶風吹毀或被洪水沖走時，那種失去的感覺就要深刻得多。也許，你可以再生個孩子，可以再婚，或重新建造一棟房子，但是，這些永遠無法取代你原來所有的。[1]

那些在童年時期失去太多的孩子們，在進入青春期和成年以後，將有相當大的困難去面對人生所失。孩子們沒有成年人的自衛系統，他們無法像成人一樣，用言語或想像力去發展情感上的出路。如果他們所失去的是兄弟姐妹或父母，他們通常會在成年後的某個時間，才能開始面對和處理童年的哀慟。

有些孩子對失去的痛苦極其敏感，這會造成他們在成年之後非常容易陷入憂鬱症。我見過許多這樣的人，他們童年的經驗使他們後來對許多事情都反應過度。有一位四十歲的男士，他童年在自己家中所經歷的是「有條件的愛」，因為每當他吵鬧或不乖的時候，父母就會把愛收回，代之以冷漠和不關心的態度，以示警戒，而每次他碰到這種情況，就會在內心感到極度的傷痛，因為愛沒有了。這些經驗在他身上造成了後遺症，以致在他青少年時期，每當他有朋友到家裡來，在他父母面前說話稍微大聲一點，他就會困窘到無地自容。甚至今天他已經四十歲了，還是會對大聲喧嚷感到緊張，雖然根本不是他在製造噪音。

對孩童來說，被摒棄是一種極端痛苦的經驗。修伊．密思戴博士（Dr. Hugh Missildine）如此形容這類型傷害的後果：

> 如果你從來沒有在自己家中有過「回到家」的感覺，那麼，你會很難把這個世界當作你的「家」。如果你在孩童時期受過摒棄，你在情感上會發生障礙，因為，簡單地說，你成了一個「無家可歸的人」。
>
> 你會把自己看成是個非法之徒，不被他人接受，也不被你自己接受。你的自貶成了一種苦毒，而且，你會很自然地把這種苦毒投射到別人身上，其結果是，你會常常誤解他人對你的態度。[2]

不幸的是，絕大部分的成人並不知道如何幫助他們的孩子面對哀慟，因為他們自己從來沒有學過這門功課。若孩子從未處理他的哀慟，當他成年後碰到類似的情況，就會觸發童年的傷痛。我們可以這麼說，童年的失去經驗會使我們對很多事過度敏感，以致成年後有可能陷入憂鬱。

許多年前，在一個危機輔導的場合，有位女士跟我分享了她的個人經驗。三年前，她和先生搬到了新的城市，在那之前，他們在同一個地方住了十五年，與當地的教會有密切的關係，並且有許多朋友，他們的孩子也在那裡長大。每個聖誕節期，他們都會跟親朋好友一同歡慶。

搬家的時候，他們把所有一切都留在背後了。等搬好了之後，她先生馬上就開始新的工作，但是，由於她工作的性質，她必須全部重頭來過。她說，在最初的那兩年，她陷入了嚴重的憂鬱症，但是她不明白自己為何會如此。後來，她嚴重到必須接受心理輔導。當輔導的焦點落在她原生家庭的時候，原因漸漸明朗起來。原來，她在五歲前與祖母的關係最為密切，勝過跟媽媽的關係，但後來祖母突然過世了。幾個星期後，他們全家搬出了那個城鎮，住到比較鄉下的地方。在那裡，最近的鄰居也有一公里半那麼遠。當她與她的心理輔導談到那段童年往事，她漸漸看出這兩次搬家的雷同之處，於是，在數十年之後，她才正式開始為童年失去心愛的祖母和那次的搬家經驗而哀悼。一段時間過後，她終於從憂鬱症裡走了出來。

我輔導過一位被診斷有十二年嚴重憂鬱症的男士。我們發現，過去二十年間，他經歷了五次嚴重的被棄絕事件，但他從來沒去面對和處理那些情感上的創傷。後來，他加入了一間教會，在那裡，每個主日晚上的聚會，會有三十到四十分鐘的敬拜讚美，在那段時間裡，他不知不覺地開始為所受到的摒棄哀傷哭泣，就這樣，他開始面對那些一直被壓抑的痛苦。三個月後，他長達十二年的嚴重憂鬱症終於消失了。

你的生命中是不是也有什麼重大的失去，是你從來沒有去面對和處理的呢？也許，你應該細細地回想一下。

如果我們在童年失去太多，很可能讓我們發展出過度敏感和易於憂鬱的個性，結果，我們會把這些失去的經驗囤積起來，產生一種複合性的反應，就好像我們沒有每天把該做的家庭作業做完，累積到最後簡直不敢去碰一樣。到後來，每一個失去的經驗都看起來比原本的還要嚴重。所以，把那些經驗一個一個分別出來很重要，因為，這樣你就能看清它們本來的面目，不會因為驚慌而繼續囤積，才能用正確的方式逐一處理。一般人都很容易把痛苦的經驗囤積起來，就像塞進一只皮箱中，然後想辦法忘記它。然而，當我們發覺自己這樣做的時候，就必須把那只皮箱打開，把裡面所塞的東西全拿出來，一樣一樣去處理。[3]

生命原本就是「失」與「得」的混合體，從創造的層面來看，「失」其實是「得」的素材。一顆花苞失去了它原來的形象，因為它綻放成了一朵美麗的玫瑰；當一株植物從泥土裡鑽出頭來，它原來種子的形狀也就不見了。

你可以回想你小時候的情景，當你要長牙齒的時候，牙齦痛得讓你哇哇大哭，因為你的乳牙開始形成了。但是有一天，乳牙也開始搖動，不久之後掉了下來或被牙醫拔去。那些乳牙的離開是為了把位置騰出來讓恆齒上任服務，到最後你也可能失去那些恆齒，讓假牙來取代。

高中畢業使我們失去了不少東西，例如失去我們原來在學校所扮演的某個角色，我們所熟悉的朋友和校園環境，等等。但是，多半的我們也懷抱著某種期望，因為要展開新的生活了。年輕時，我們緬懷所失去的，但同時也伴隨一種慶祝的心態，因為，大部分的失去是發展未來的必經階段，所以，我們會願意接受這樣的交換。但由於我們往往把注意力放在「得」的方面，所以沒有意識到，其實我們同時也失去了過去所熟悉的人事物。

任何事件，只要它摧毀了我們對生命意義的認知，都會在我們裡面產生失去的感覺，因為我們原來所相信的穩定狀態受到了挑戰和攻擊。我們會錯愕地問：「他們怎麼能這樣對待我！」就是出於這種混亂的情緒。

近幾十年，越來越多移民來到美國，有些是合法的，有些是非法的，但是，他們都在生活上遭到同樣的文化失落感，他們失去了原本生活中的正常感和各種熟悉的成分，比如街道上的路標、口袋裡的錢幣、熟悉的臉孔、各種社會角色該有的行為模式、飲食的作息，以及親朋好友間的人際關係等，這些全部都消失了。

在經濟上，我們所遭遇的損失也多不勝數，也許我們在這方面沒那麼敏感，但每次油價上漲或通貨膨脹時，都會造成我們在財務上的流失。

還有一種失去的體會非常細微，我們可能從來沒把它們看成是失去的一種。當我們口不擇言，無意中說了很不得體或愚蠢的話，尷尬得直想鑽進地洞裡時，我們就失去了某些東西。「丟臉」這個詞其實很清楚說明了「丟失」了「臉」，丟失了尊嚴和某種社會地位。

但也有些失去的感覺是很具體的。死亡和離婚奪走了我們所愛和關心的人。車子被偷，房子遭小偷光顧。颶風或颱風帶來豪雨，水淹到第二層樓，雖然房子的結構還在，但損失慘重。在紐奧良遭到卡崔娜颶風的侵襲之後，有一次我在協助受災戶的輔導會上，一位男士告訴我，他從安全地區回到災區後，花了兩星期清理自己的房子，他說：「我發現，每一次我把一堆東西扔到垃圾堆上的時候，就好像把自己的一部分扔掉了。」

其他還有許多的失去不是那麼明顯，例如更換工作，學校成績得到B而不是A，加薪的比例比預期的少，搬家，生了大病（失去健康），學期還沒結束卻換了新老師，公司把你從有窗景的辦公室換到無窗的空間去，事業的成功和升等（雖是好事，但原有的衝勁沒了，原來的同事關係也結束了），孩子離家念大學，一個理念、夢想或終生目標的終結，等等。所有這些都是一種失去，但由於它們界限模糊，所以我們通常不會察覺它們的影響力，因此也不會花時間精力，把它們當作一種失去來處理。

我有位朋友分享了她所經歷的一份獨特的失去：

「二〇〇一年十一月的時候，醫生發現我們才二十一個月大的女兒莎拉右邊的腎臟有腎母細胞瘤（Wilms tumor，一種癌性瘤），在診斷之後的三十六小時內，她的右腎跟瘤都被切除了。五天後她開始了長達四個月的化療，接下來的十個月她都無法出門，因為要讓她的免疫系統恢復並增強。就在那個時間，我們第二個女兒麥卡拉出生了。

「那時候，莎拉已經恢復健康，癌症復發的可能性也很低，任何不知情的人都看不出她曾經有過什麼大問題。有一天早晨，當我和小女兒麥卡拉一起參加『媽媽與我的舞蹈課』時，我突然放聲大哭，我自己嚇了一大跳。那天早晨，舞蹈老師允許大女兒莎拉也和我們一起跳舞，莎拉高興極了。當我看到兩個女兒歡笑著跟我一起跳舞，我終於明白了一件事，那就是，莎拉因為兩歲的時候生病，所以錯過了『媽媽與我的舞蹈課』，還有教會主日學裡為兩歲孩子設計的『與好朋友約會』活動。雖然，我為莎拉的健康無比地感謝上帝，但是，那個早晨，我仍然忍不住為我們母女倆所失去的美好時光，而產生重大的失落感。」

很多人生中的失去和年齡的增長有關，當我們漸漸長大，童年的一些夢想和期待也漸漸地瓦解和改變了。還記得你當年的初戀嗎？我們童年和青春期對異性的羅曼史幾乎都沒有什麼好結局，有人是天天在失戀，有的人是每小時都在失戀！從這個學校換到那個學校，成績退步，退學，留級，離家去上大學，或只是自己想搬出去獨立生活——即使這些變動是你的長期計劃，但當它來臨時，你仍然會感受著某種失落。

當你進入職場之後，失敗和被棄絕的經驗更是有增無減。眼巴巴地看著別人加薪或晉升，你的計劃卻無疾而終；法院官司打輸了；生意失敗，經濟又開始蕭條；或者，你發現自己被卡在一個「進退兩難」的職場僵局裡，不得動彈。

接下來是身體方面的失去。有點哭笑不得的是，其中最明顯的失去居然常常是以「獲得」的形式出現，最明顯的就是體重的增加和腰圍的擴大。另外，隨著時間，我們也失去了青春和美貌，失去了光滑的皮膚，失去了健美的肌肉和曲線，失去了頂上的頭髮、視力和聽力，還有，我們的性慾或性趣也都走向下坡……等等，不可勝數。

在中年那段人生，「失去」開始改變它的形貌，它來訪的次數也突然增加，而且開始賴著不走，更糟糕的是，好像大都是負面的效應。誰會為了掉頭髮或掉牙齒而歡呼呢？誰又喜歡從四眼田雞「更上一層樓」，戴上多焦鏡片？我們通常不會稱這些改變為「進步」，只能說，我們陷入了一種失而又失的困境。[4]

我們不妨再考慮一下失去的頻率，年輕的時候，我們很少聽到有朋友死亡，但是，進入中年之後，好像沒過多久就有朋友從地平線上消失，如果你再活久一點，就會發現有更多朋友和親戚不告而別。

也許，你小時候有一些健康問題，幸好已經治癒，但現在，許多問題卻接踵而來——肌肉的僵硬或痠痛不太容易恢復，自己對許多事情的反應好像也越來越發遲緩，然後有一天，你突然發現，不但視力越來越模糊，怎麼別人的說話聲也越來越小，而你看電視的時候也需要把音量越開越大。然而，所有這些健康問題，都沒有比年紀大了或生病所導致的記憶力退化來得嚴重。

當失去只是偶爾造訪的時候，我們還有能力去應付，但到了中年，我們似乎突然滑進一個高頻率的失去疆域。舊的傷口還沒有癒合，新的重創就來了，讓人措手不及，我們的應變能力因而彈性疲乏，而若我們原本就沒有培養出好的應變能力，就更加容易被擊垮。

另外還有一種失去是有終極性的，如果你二十七歲時失去了一份工作，那並不是什麼大不了的事，只要再找下一份工作就好了。但是，如果你失去的是一份你做了三十年的工作，而你現在已經五十七歲了，那你該怎麼辦呢？尤其是，如果這是你唯一能做的工作，而現在職場上已經不太需要這種技能了。

老年喪偶也會有同樣的難處，如果你在年輕的時候離婚或失去婚姻伴侶，你再碰到另外一個伴侶的機會還蠻高的。但如果這事發生在老年，而且你又是女性，那一切就困難了。據統計，五十歲以上失去伴侶的女性多數不會再婚。[5]

在《失喪在老年》（*Losses in Later Life*）一書裡，作者史考特・舒蘭德（R. Scott Sullender）指出，我們如何能夠從殘障者的生活裡學到將人生之失轉化為得：

在你未來的生命裡，有一個殘障者走在你的前面：那個殘障者就是你自己！其實，殘障者目前在面對的那些問題，就是你我將來所要面臨的。或早或晚，我們每一個人都會在某方面成為殘障，而我們每一個人都必須面臨一個或多個情感上的失落或健康問題，然後，我們就得走上那條殘障者們現在正在走的道路，我們將會了解他們所遭受的痛苦，他們的挫折感和生命各方面的煎熬。所以，不管我們現在是在人生的哪個階段，如果我們能夠現在就從他們那裡學到功課，也許，我們在未來就比較能面對那些必然會發生的問題。

殘障者顯示給我們的是：生命並不只包括這個身體。他們顯示了宗教所呈現的一個真理，那就是，使我們真正表現人性中美好的並不是身體上的特質，而是屬靈方面的品質。使徒保羅列出了其中一些：仁愛，喜樂，和平，忍耐，恩慈，良善，信實，溫柔，節制（加拉太書五章二十二節）。耶穌也列了幾樣：虛心，使人和睦，清心，憐憫人，飢渴慕義，為義受逼迫（馬太福音五章三至十節）等。他們都沒有提到身體上的美麗或健康，因為真正能夠拯救我們的並不是肉體的佳貌美形。

殘障者還能教我們如何去忍受苦難，好從肉體的限制裡掙脫而出。有時候，肉體的痛苦無法去除，而身體的種種限制也沒有辦法被矯正過來，這時候，我們只能勇敢面對它們。一開始，我們僅能面對局部的問題，但漸漸的，我們就能發展出全面的適應力，我們會發掘出「勇氣」這個詞裡面的嶄新意義，從而了解到，眼前只有兩個抉擇：要麼就是從這些限制中跳出來，學會如何去面對；不然就讓自己陷入絕望、苦毒和無助的泥沼。我們的抉擇如何，端看我們的勇氣和內在力量有多少。

於是，我們可以說，殘障和失去健康其實可以成為人生的一份禮物。當然，這個禮物得來不易，一開始，我們所面對的失去簡直是太可怕了！然而，如果因為這份失落，使我們學會忍耐的藝術，那麼，我們就可以把失轉化為得了。我們從失去裡面成長和茁壯起來，只要我們決意不被打敗，失去就會推動我們到一個更高的存在境界。當然，並不是每一個人都可以作這麼大的信心跳躍，對很多人來說，光是把主日學裡的簡單功課實行出來都是一件困難無比的事了。但是，不論如何，中老年的「大失落」，感覺上雖然非常可怕，但仍舊能成為一種把我們帶進成熟屬靈境界的美好機會。6

在我們一生當中，自我認同的問題會陸續出現，不過，多半發生在我們到達某種極限的時候。這對許多人來說是非常困難的瓶頸，因為，自我認同是個有點抽象又難以捉摸的問題，但是，它卻是一個很真實的問題。它可以毀了你，也可以幫助你突破和成長。我們會在後面的篇章談這個問題。

生活中最難面對的是那些「具有威脅性的失去」，它們發生的可能性非常具體，但是，你卻什麼都做不了，你感到你的掌控權完全被摧毀了。比如，你在一間公司做了十九年，再過一年，你就可以拿到全部的退休金，但是，你卻收到公司的通知，說由於經濟不景氣，月底之前會有百分之四十的員工被裁員，而你的年資並不能保證你會被保留下來。你到底是不是在那百分之四十的人當中呢？

生活中有各式各樣「具有威脅性的失去」：

- 等待切片檢查的結果。
- 你的配偶對你說：「我在考慮跟你離婚。」
- 本來對你很有興趣的一個約會對象突然不再打電話給你了。
- 某項生意上的投資可能無疾而終。
- 你被一個憤怒的員工或顧客告到法院。

• 有朋友告訴你，他發現你的兒子過去一年好像在吸毒。
• 氣象報告說，有個四級颶風幾小時之內就要來了。

所有這些都是潛在性的失去，它們很可能發生，但是你完全無法作任何預防，而你在它們還沒發生之前就已經感到那份失去了——你感到完全地無助。

甚至在孩子出生的喜悅當中，你都可能感到自己失去了什麼。一位年輕的母親坦白告訴我：「我從來沒想到生了孩子後會有這麼大的變化，我的時間不再屬於我了，精力也常常透支，我的身體也不再屬於我，我和先生的親密時間和浪漫相處都被束之高閣，我覺得自己好像每天都在家裡坐牢，不像過去那樣要走就走。我覺得自己在生活中迷路了！」

這類變化和失落是很普遍的，事實上，你在事前就可以預料到它們的來臨，你也可以做一些計劃去避免嚴重的後果。但是，大部分這類的失去仍舊是難以處理的問題，為什麼呢？主要是因為，我們並沒有注意到它們的存在。

我們很難去追悼那些無關死亡的失去，因為你看不見屍體，也沒有喪禮，沒有明確的哭訴對象，也找不到傳統或社會認可的出口，好去追悼那些無關死亡的失去。

比方說，當你失去了身體的某個器官，失去某些人際關係，或損失了財產及擁有物的時候，沒有人會去把這些事登訃聞在報紙上，而這些當事人也不會去埋葬什麼東西，更沒有親朋好友會來為這些失去而慰問你、幫助你，更不會有人定時來關懷你，看你好不好。事實上，追悼那些與死亡無關的失去，很像掉進一個孤寂的地獄，你不知道它是從什麼時候開始的，也不知道它要到什麼時候才會結束，最多，你只能感覺自己坐在一個奇怪的鞦韆上，在「失去」與「希望」之間晃盪。7

關於失去，我們多多少少都存著某種恐懼，那種恐懼潛藏在我們每一個人裡面，從嬰兒時期開始，所有我們所失去的人事物，一滴一滴地聚集成了恐懼之湖。有時候，那些喪事中的人會在手臂或頸項上佩帶一些標識，用來抵擋惡運，而當我們碰到他們的時候，會忍不住趕快逃走，好像他們的失去會傳染給我們一樣。

每當你面臨失去的時候，你就需要去正視這個失去在你整個生命中具有什麼意義，這樣，你會比較了解它對你的衝擊力有多大。你也需要去斟酌，那些因著這份失去所連帶產生的影響。要記得，你過去所失去的，如今正影響著你，而這些也會影響你對於「未來會失去什麼」的恐懼程度，以及你面對連帶的失去的適應能力。

在經歷這些失去的期間，可能有些隱藏的問題你會希望得到解答，比如，我能從這個悲劇中恢復過來嗎？我活得下去嗎？沒有了他或她，我繼續活下去是對的嗎？在真的面對失去他或她這個事實以後，我能夠重新快樂起來或在生活中重新感到滿足嗎？[8]

在下面的篇章裡，我們會嘗試去回答這些問題。

療癒練習題

每一章最後的練習題可供個人或團體討論使用，同時可以幫助讀者將本書提供的建議和方法運用到自己的生活中。

一、回想一下，你過去是不是有發生一些失去的事件，但當下你並沒有感覺到自己承受了失去的痛處？

二、試著描述你從前不曾面對與處理的失去經歷，並想一想那些經歷如何影響你？

三、你生命中有沒有哪些經驗，讓你覺得一方面有所獲得，一方面又感到失落？

四、舉出兩件已經發生，但你希望從來沒有發生過的的事件。回想一下，當那兩件事發生時，你當下的感受是什麼？等事情過去了，你的感覺又是如何？

五、你有沒有發生過一些事情，一般人不會認為那是一種失去，但卻讓你經歷了失去的感受？試著舉出這樣的事情。

六、你青春期的時候，有沒有發生過什麼重大的的失去事件？請說說看。

七、你有生以來最嚴重的失去經歷是什麼？

八、你認為，男人的一生中有哪四種失去，是最為嚴重的？

九、你認為，女人的一生中有哪四種失去，是最為嚴重的？

第二章

我們從來沒有想過的失去

把你生命中的失去，一個一個辨認出來，這是很重要的一件事。

回想一下你生命中所有失去的經驗，它們曾經怎樣地影響了你。還有，你能不能列舉你生命中最困難的三四件經歷？在這些經歷中，你有沒有失去什麼？如果有，那些失去很明顯嗎？還是很模糊？在事情發生的當時，你有沒有辨認出那是一種失去？

把你生命中種種的失去一個一個辨認出來，是一件很重要的事。你需要去面對它究竟是什麼——它是失去，然後，你才能適當地哀悼，就像你悼念那些死去的親人或朋友一樣。多年來，我都會問那些接受我輔導的人：「你有沒有什麼『失去』的經驗，是還沒有哀悼的？」其中大部分人馬上就能想起一些經歷，不過也有些人需要兩三個星期才能把一些記憶聚攏起來，然後，他們會看到其中有些失去是他們過去沒有辨認出來的。若我們沒有適當處理那些經驗，與其相關的情緒和反應會造成比問題本身更大的負擔和阻礙，使得我們無法充分發揮我們生命的潛力。

還有一件很重要的工作是辨認「第二層次的失去」，這是因為「第一層次的失去」沒有處理，而衍生出來的失去。對於第二層次的失去，你也許可以清楚看到，但也可能不是那麼明顯，因為它們是從你生活中的許多「改變」而產生的，這些改變牽涉到你的人際關係、身分地位、你的環境和生活方式，還有你本身的希望、夢想、期待，甚至幻想等等不同的因素。

讓我舉個例子，我一個學生的哥哥在一次車禍中喪生了。之前，他哥哥一直負責照顧他們年老的父母，但現在哥哥不在了，我的學生覺得這個責任自然地落到了他的身上，為了這個緣故，他休了學，不但耽擱了畢業的時間，還因此改變了自己的職業方向，除此以外，他與家人的關係也改變了，他和太太、孩子、朋友的相處時間都少了很多，當然，也沒有多餘的時間花在自己的嗜好上面了。你是否能在他的「第一層次的失去」（失去他的哥哥）之後，分辨出接踵而至的「第二層次的失去」呢？

有時候，一大群人會同時經驗到重大的失去，比如，當一位備受愛戴的牧師，在服事他的羊群十五年之後，不管是退休或是別的因素必須離開那間教會，都使得所有會眾經歷到羊群失去牧人的慞惶和悲傷，以及其他跟著來的不適。這雖然顯示出羊群和牧羊人之間的美好關係，但是很不幸的，這會使得新來的牧師難以適應他的新工作，因為，他可以感覺到，所有會眾都似乎期望他能遵循前面那位牧師的腳蹤。

還有另外一種失去，是跟我們從未有過的「得到」有關係。我相信你曾經在電視上看過這樣的畫面：在一場關鍵性的球賽後，輸的那一隊垂頭喪氣，甚至低頭流淚；在政治上激烈的競選之後，輸的候選人在眾目睽睽下哭出聲來，像雞冠垂下去的大公雞，鎩羽而歸，他們除了在競選上失敗，還失去了自尊、原本可望得到的收入，以及他們的自我認同。所有這些都是「期待落空的失去」，在真實生活裡，這些人其實從來沒有得到那些東西，但是，這並不表示他們所感受到的失去，比真實的失去要少。

喪失理想是一種很深的哀痛，回想一九六三年十一月二十二日那天，當甘迺迪總統被刺殺的消息瀰漫在各家媒體時，你是從哪裡得到消息的？瞬時，整個美國陷入了一種集體性的哀慟。賈桂琳．甘迺迪所面臨的哀慟不是她一個人的，而是所有人都陷在其中，因為當甘迺迪總統死去的時候，我們不只失去了一位我們愛戴的人物，我們還失去了他在美國人心中所引領的夢想與新的理念。

你是否也記得，當你聽到紐約雙子星大樓被恐怖分子攻擊的時候，你人在哪裡？在那一刻，我們原來所擁有的安全感，完全被打成了碎片。

從你出生至今，你一共搬了幾次家呢？我和我的家人曾經在三年內搬了四次家。而每一年，有四千萬的人會搬到新的地方。未來學家阿爾文．托夫勒（Alvin Toffler）在他的《未來的衝擊》（*Future Shock*）那本書裡，給經常搬家的人取了一個名字——「哀悼中的遷徙者」。這一類的遷徙並不只包括地理上的改變，還包括所熟悉的人事物、原來的生活常規、商業行為、醫生和學校等等。然而，在一般人的觀念裡，「搬家」並沒有被看成是生命中的一種失去。[1]

隨著人類的壽命普遍延長，失去身上的某個肢體或某個器官似乎也成了常見的事。目前，在美國境內，每年有三萬五千個以上的肢體切除手術，更別說還有無數的乳房和子宮切除手術。

大家都承認，癌症是健康上的重大失去，但是，你是否想過其他許多跟著來的損失？當中有些是跟身體有關，有些則比較抽象：當病人必須住院時，他就跟著失去了在家中的熟悉環境；當他必須仰賴別人的照顧時，他就失去了他的獨立感；而如果他連床都下不了的話，他就會感到自己被困在病床上。

然而，病人所失去的還不止這些，在癌症的情況中，病人會遭遇極大的恐慌，甚至感到痲痹，他們可能失去自主能力、身體某部分的功能或某個肢體，他們也失去了生活上的可預測性和許多的快樂，其次，他們還可能失去自我認同、與家人的親密關係，失去了希望、原來的工作、他們的嗜好、社交生活、與朋友的親密來往，同時，也失去了自尊和來去自如的自由。

我親身經歷了許多個中的滋味，在二〇〇三年十月，醫生診斷我太太喬伊絲有第三期的腦瘤。在她的腦瘤開顱手術之後，喬伊絲經過了一整年的化療和三十次的放射線治療，在那個醫療階段，她的瘤縮小而且穩定了下來，但是，我們幾乎是在為每四個月一次的磁振造影和正子掃描而活，因為，這些測驗決定了她的病情是否仍在緩解中。我們的生活就是這樣忙碌地圍繞著醫生、藥物、體力透支，以及飄緲的未來，不斷地旋轉著。

每一個連帶而來的失去，都會因其累積的重量加深我們整體的失落感。從健康的觀點，每一種失去都需要個別地處理，以及個別地哀悼。表面上看起來相同的失去，對不同的人卻有不同的意義，因為，這會因每個人對所失去的人事物所投下的感情份量而不同，也因此，他們所需要的哀悼也有所分別。

當你面臨的失去是永久的，無法改變的，它會給我們一種感覺，就是某些東西真的結束了，完結了。的確，身為人類，我們都會企圖否認如此可怕的事實，但是，從健康的觀點來看，當那些人事物真的終止了，我們就必須面對事實，並接受和創造一個「沒有他／她／它」的未來。

當你的失去是暫時的或彷彿是暫時的，你會陷入一種無法完結的情境，因為，你會重複地感受到那「不確定的失去」。對那些有親人在戰爭中失蹤的家庭，或對那些有孩子離家出走的家庭來說，他們會經常想像著他們所愛的人回來了，但是，他們也常常被那可怕的念頭造訪：「他們永遠不會回來了！」這種「感覺失去的又回來」的重複幻想，會嚴重地加深他們的失落感。[2]

我們稱這種失落感是「模棱兩可的失去」，這種失去發生在兩種情況當中：一種是，那人在你的情感層面上是活著的，但是他並不在你身邊，就像我們剛剛提過失蹤或離家出走的情形。另外一種是，那人就在你身邊，你看得到他，但是在情感上他和你的生活沒有交點，這些情況包括所愛之人突然中風、罹患阿茲海默症，或者因使用毒品或酒精而沉溺在另一個世界裡。

在癌症病人的個案中，那些平常注重外表的人會因為失去某部分的肢體或容貌而遭受嚴重的打擊，但是，對另外一些病人來說，他們所受不了的是失去原來的工作和嗜好，還有一些病人會為失去原有的社交生活而感到悲哀。

然而，大部分的人並不會去分別他們所遭遇的失去，他們不會把他們所感受到的「龐大的失去」一個一個拆開來，然後一個一個地去處理。因此，很不幸的，他們的哀慟會變得無比沉重，同時，由於許多隨之而來的「第二層次的失去」，像雪球一樣越滾越大，使得他們復原的過程延宕多時。[3]

因為死亡而失去了至親之人，是生命中極大的喪慟，但是，你也必須知道，隨著死亡，你還失去了哪些連帶的東西，這可能包括你許多年來在那人身上所建立的希望、夢想與理想，對他的願望、感覺、期待和需要。你所失去的不只是你現在所面對的，還包括你未來將會失去的。一個寡婦所失去的並不只有她的丈夫，她還失去了她的老伴，那個可以和她分享退休生活的人，那個一起去教會或參加夫婦檔社交活動的人，那個原本會跟她一起參與孩子的婚禮、孫兒的第一個生日的人生伴侶。也許你不是現在正經歷喪偶，而是幾個月之前或幾年之前，但是，你有沒有想過因他的離開而導致你失去的種種呢？

如果你可以去認識那位至親者在你生命中所扮演的各種角色，你就比較能夠了解你未來的方向。現在，你不妨用以下所列的人生角色，去想想所有你所失去的人，勾出他們在你生命中所扮演的角色，如果有不在這個單子上的，就另外把它寫下來：

父母	朋友
兄弟	修理工人
姐妹	愛人
生活供應者	園丁
廚師	伴侶
付帳單的人	運動同伴
洗衣服的人	平衡銀行帳戶的人
說知心話並保密的人	機械工
你的人生教練	鼓勵你的人
一起禱告的同伴	激發你的人
靈感和洞見的來源	生意上的夥伴
老師	跑腿的人
輔導你的人	報稅的人
保護者	配偶
把生活瑣事整理得井井有條的人	孩子

查看了這個單子之後，你是否覺得清晰了一點呢？

一九九〇年，我經歷了生命中最大的失去，我的兒子馬太死了。他出生時就有嚴重的智能障礙，走的時候才二十二歲。在那二十二年當中，我們一直在失去的情境中掙扎，他從來沒能真的叫我一聲「爸爸」，只有一兩次他好像發了那個聲音，而我們也從來沒能看到他快樂或驚喜的表情。每一年的聖誕節和他的生日，我們都會在心裡經歷著極大的失落，因為替他選擇禮物從來沒有發生什麼作用，他不會玩也不會用那些我們挑選的禮物。隨著年月的消逝，我們似乎漸漸習慣了這種無法改變的失落，也似乎接受了這樣的事實，但是，當他過世的時候，一種全然陌生的失落又闖進了我們的世界。

我們再也不能從百貨公司的商品目錄裡尋找他要穿的特別睡衣，我們也停止了去「撒冷基督教療養院」（他在那裡度過最後的十一年）的習慣。過去，我們會去那裡看他，帶他出去午餐。我們失去了所有未來有馬太在家裡的感恩節和聖誕節，我們也失去了再度帶他去「諾氏莓園遊樂場」慶祝他生日的機會。我們不再每個禮拜打電話到療養院詢問他的情況，連談論這些事情的機會都沒有了，那些我們用來與智障的他溝通的特別用語也都塵封起來了。我和我的妻子必須面對所有這些傷痛，一一地去面對處理。然而，經過了這麼多時日，每一年都有那麼一兩次，我們仍會莫名地被失去他的哀慟所突擊。

如果我們童年所失去的沒有經過適當的處理，在進入成年之後，那些過去的失去就會堆疊成極大的陰霾。我們會把那些失去帶進我們的成年，好像拖了一大堆多餘的行李旅行一樣。人生各種的失去都有它們不同層次的複雜性和嚴重性，很多孩子在失去他們所愛的寵物之後，大人從來沒有幫助他們處理失去的情緒，也沒有人鼓勵他們哭出來，通常，周圍的成人會告訴他們：「不要哭！只是一隻貓而已。」或者：「明天我們再去找一隻。」

有的時候，童年時代的失去來自父母突然停止了某種行為，而且也沒有向孩子解釋為什麼。約翰小時候，他的父母非常積極參與他在學校的少棒和各項活動，但在他十一歲的時候，他們沒有給他任何理由，就突然停止參與他的活動了，連提都沒有提一下。他始終不明白為什麼他們會有這麼大的改變，因此，他心裡一直在等待著某種解釋。但是，他空等了很久都沒有任何答案。他所感受到的失望在心裡造成了一種恐懼，他開始擔心，「也許每個人到後來都會這樣對待我」，於是，緊張和疑慮在他心裡蔓延。

今天，有越來越多的人在他們年幼時，父母就離婚了，因此他們帶著失去的傷痛進入他們的成年生活。數年前，《新聞週刊》作了一項統計，百分之四十五的孩子在十八歲之前會因父母離婚而失去雙親中的一個，這項研究結果也發現，這些孩子所受到的傷害，比起他們離婚的父母所願意承認的，還要嚴重得多。

離婚在孩子身上所造成的影響是相當嚴重的，在《你所沒預料到的離婚後果》（*The*

Unexpected Legacy of Divorce）一書中，作者如此說：「離婚是一個轉變生命的事件，在你的父母離婚之後，你的童年不再是童年，青春期也不再是青春期，而且在進入成年之後，你是否要結婚或是否要生養孩子的決定也都不一樣了。」[4] 那些孩子不再相信家人會永遠生活在一起，他們開始失去對人的信賴，他們失去了熟悉的環境和生活的常規，失去了安全感，並且很可能失去了和某一對祖父母的聯繫，然而隨之而來，可能是突然多了一對陌生的祖父母（如果父母中有一方再婚的話）。

一般來說，這些人的健康情形會比一般人差——在身體和心理兩方面都是；他們也會比那些沒有經歷過破碎家庭的人短壽。[5]

許多童年有過痛苦失去經驗的孩子，長大後會缺乏安全感，易於陷入憂鬱症，也常被焦慮和憤怒折磨。

在離婚的混亂中，孩子們會失去各式各樣熟悉的生活元素，他們喪失了原有的房子和鄰居、學校裡的朋友，也很可能失去原本的生活水準、跟家人一起出遊的機會，以及與親戚朋友一起過節的時光。他們的自我形象和自尊更會受到損失和混淆。

當父母中的一位過世的時候，孩子心裡會有一種完結的感覺，他們有機會在心裡做最後的告別，同時，在那之後，他們會經歷一段時期的哀慟。但是，當父母離婚時，哪來這種類似的哀慟呢？那些孩子會活在一種無始無終的困惑裡，而他們與那不見了的父親或母親的關係，完全要看那一方的行動，離異了的父母似乎成了來無影去無蹤的幽靈。如果他們完全不跟孩子聯絡，孩子會一直被一些沒有答案的問題困擾著：「我的媽媽（或爸爸）會不會再回來？如果不回來，是為什麼？是不是我做錯了什麼？」這些孩子也不知道他們是否永遠地失去了那個親人，還是只是暫時地不見了。偶爾，他們會接到一張生日卡片或一通電話，而那些偶然的碰面機會或一起渡個短假，會使這些孩子心裡充滿幻想，覺得離去的那個父母終究還是會活著回到他們的生活裡。

近年來，我們也聽到了越來越多孩童受虐和性侵事件，這些童年被汙染的經驗嚴重地影響了他們的生命，同時也會跟隨他們進入成年。那些失去童貞的經驗不只貶低了他們的生命價值，也奪走了他們應該享有的天真童心，除此，更破壞了他們對成年人的正確認知。他們多半會在沉默中受苦，他們已經失去了父母的愛，現在，他們的夢想和天真也被破壞殆盡，他們無辜地被他們該有的童年園地驅逐出境了。

另外一種孩童所遭遇的傷害是遺棄。有不少孩子是棄嬰、棄兒，但是，還有另外一種「棄兒」的數目遠超過那些被社會局立案的孤兒。這些孩子知道他們的父母（不管是哪一方）絕對不會不管他們，或斷絕他們的日常所需，但是，他們在情感上的需要卻完全被忽視了。

他們在生活中得不到愛的滋養，也得不到大人的擁抱和情感上的親密陪伴，他們成長中極需要的言語肯定，完全被沉默的陰影所遮蓋，不需要多久，他們就開始問自己：「我是不是有問題？」這些困惑會跟著他們，一直到成年。

一次又一次，我親眼看見許多成年人因為他們在童年所失去的種種，而無法適應他們現在的生活和婚姻。孩子們在童年所經歷的失去種類太多，難以盡數，無法在這本書中一一解說。在這裡，我們只能把焦點放在兩個問題上：「對於那些童年所經歷的傷害，我們能做什麼？」還有，「從那些傷害中恢復是可能的嗎？」

這兩個問題的答案都是「是的」！而這個肯定的答案牽涉到放棄跟隨我們多年的某些觀念，但是，從童年的創傷中恢復確實是可能的。

很多時候，我們會因為絕望而繼續留在過去的傷痛所搭成的陷阱裡。你是否曾經在小時候玩過這樣的遊戲，抓一些蒼蠅，把牠們放進一個玻璃瓶裡，然後在上面蓋上一個打了小洞的蓋子？我們不少人在小時候玩過這種遊戲，如果你也玩過，你會注意到，一開始，那些蒼蠅會瘋狂地飛在瓶頂上，想要鑽出去，但過了幾天，一個奇怪的現象發生了，因為，在你把那刺了小洞的蓋子拿走之後，那些蒼蠅也不會企圖逃走了，牠們會飛到瓶口，然後繼續在那裡兜圈子，卻不會飛出去。我們人也常是如此，我們習慣了背著那些沉重的感情包袱，即使在我們頭頂上的蓋子被挪去之後，仍然會在瓶口飛來飛去，就是得不著真正的自由。

一旦你面對了童年所失去的人事物，而且也把它們分別辨認出來，你就會發現，「放手」的過程並不是消極和被動的，正好相反，那是一份相當吃力的工作。因為，你童年的記憶與這些創傷是共同成長的，所以，「時間」並不會自動醫治你。你必須作決定去採取漸進的步驟，你必須先哀悼那些失去的，然後才放得了手，也才能跟它們說再見，如此你才能走出來，而所有這些不同的階段就是我們接下來要討論的。

當一個孩子在童年經過許多創傷，他會產生憂鬱傾向。這些孩子外表可能還好，但是裡面卻潛伏著極大的悲哀，他們幾乎每隔一陣子就會沉入憂鬱的境地。這對他們來說是正常的，沉入憂鬱讓他們有機會加深自己的人生經驗，也培養了他們平衡的力量。悲哀的情緒會刺激我們的思想能力，使我們對事情比較認真，也比較會替別人考慮，並且增加我們感謝的心懷，這些都能幫助我們接受新的人生目標，並發展我們的潛力。但是，如果這種悲哀的時段太頻繁或太長，它就會奪走生命中的陽光和喜樂。

我記得有一次，這種持續的悲哀就把我擊倒了。那時，我們的兒子已經十七歲了。那一天，我和一個朋友約了去打短拍壁球，他和我分享他帶他六歲的兒子去露營的經過，他說，他們晚上睡在帳篷裡，早上起來用營火烹煮早餐，然後再到溪裡去玩耍。當他快樂和興奮地描述這些活動的時候，我一方面為他高興，另一方面，我卻感覺非常不舒服，甚至希望他不要再講他跟兒子露營的事情了。

我馬上就發現自己為什麼這麼不舒服，因為，我又一次地掉入那種大失大落之中。我多麼希望我也能有那種和兒子一起去露營的經驗，但是，我永遠不會有了。不只是因為馬修的兒童期已過，也因為他有限的智能根本不允許我們出去露營。我重新經歷到自己失去的是那麼多，那麼大，那種說不出來的悲哀一整天都跟著我。但是，那天，上帝就用了我那沮喪的感覺去幫助一位我在輔導的人，幫助他從絕望中跳出來，重新面對自己的生活。

晚上，當我回到家，我和我的妻子喬伊絲分享了那跟了我一整天的烏雲。那次的分享，把我們夫婦倆的關係再次拉近了。第二天早上，那片烏雲完全不見了，而我似乎變成了一個新的人，現在，它成了我許多回憶中的一個，它加深了我對生命的認識。然而，我之所以能夠處理那突來的情緒攻擊，是因為我是成年人，而且我對人生的失去、哀慟的複雜性，以及上帝的愛，有某種程度的了解和認識。但是，對於那些重複在沮喪中掙扎的孩子來說就不一樣了，他們的能力非常有限，根本不知道如何處理那些不斷出現的刺傷、悲哀和憂鬱。

試著以你的童心去看你的人生，你是否能辨別出那些你所失去的呢？那些童年的創傷是不是在你人生的地平線上擴張得很大，以致影響到你今天的人生觀呢？這是很普通的現象。我們的感受是自然而然發生的，而我們很容易把自己所感受到的當成是真實世界。

我們的感受和照相機如何捕捉鏡頭有很多雷同之處，攝影師可以用不同的鏡頭來拍攝同樣的實體，並顯示出不同的效果，也因此，照相機所拍攝出來的畫面並一定是那個實體。廣角鏡頭可以捕捉大片的視野，但是，它所拍攝出來的照片會顯得比實際的距離遠，實體比例也比真實的小。拍攝電影常用的望遠鏡頭可以集中和選擇它所要捕捉的對象，它可以把焦點放在一朵美麗的花朵，但在那個同時，也能把花園中其他的景觀排除在外。標準鏡頭可以拍攝到許多快樂和微笑著的群眾，但是，如果你用魚眼鏡頭來拍攝他們，你就會看到他們全部長得奇形怪狀，根本不真實。至於濾鏡，它可以把所拍攝的影像破成碎片，或使明亮變為黯淡，也可以造成霧裡看花的錯覺。

就像這些鏡頭和濾器，我們對這個世界的感受也可以變得扭曲而不真實。憂鬱會使我們只看到生活中黑暗的部分，而把溫暖和喜樂的部分排除在外。一個攝影師很了解他是如何扭曲實體的，但是，我們卻不是這樣，當我們處在個人的憂鬱中時，我們並不會覺得我們是在扭曲事實，而且，我們越是憂鬱，就越容易去扭曲事實。如果我們童年所失去的極大，並把我們推入絕望之境的話，任何形狀的扭曲都可能發生。[6]

有沒有人教導過你如何去處理人生各種失去呢？大概從來沒有，可能連你的教會都沒教過這個課題。在一般的家庭裡，我們都認為「得到」是好事，不管是物質方面或非物質方面，得到總是好的，因為我們覺得，那就是快樂和滿足的途徑。

我們從小學習到的是，從父母和大人那裡贏得注意力和讚美是一件好事。在學校生活裡，得到好成績會讓我們容易被人接納。做父母的幾乎從未教過我們如何去面對相反的那一面，比如失望、失敗和其他的失落。

這種不斷贏得的欲望，可以說貫穿了我們的一生，這不正是廣告商告訴大家的嗎？你必須不斷得到東西才算是一個成功的人，於是，我們從小就相信了這種說法：「得到是正常的，失去是不正常的」。失去會讓我們覺得很不對勁，而且不自然。

你有沒有想過，接下來的五年或十年，你生命中會失去什麼？你現在和未來是如何處理失去，可能源自你童年處理失去的模式。

以下的問題可以幫助你了解，你過去的失去是如何影響你今天的生活：

一、想一想，你童年時期有哪些重大的損失？那些事件是什麼時候發生的？那時你幾歲？在哪裡發生的？與哪些人有關？事發的情況是如何？

二、你當時的感覺是什麼？

三、你對那次失去的經驗有何反應？當中哪些是正面的反應？哪些是負面的？

四、當時，有沒有人教你或輔導你怎麼去處理那個失去的經驗？

五、你有沒有從你早年的經驗裡學會如何處理失去的問題？你是否記得有什麼話語一直跟著你到今天？

六、你從過去的失去經驗中所學到的，有沒有什麼是現在阻撓你處理失去的？

七、你從過去的失去經驗中所學到的，是否有什麼是直到今日仍幫助著你的？

現在，想一想你最近一次失去的經驗：

一、把這次的經驗詳細地描述出來，是跟誰有關？是什麼事情？什麼時候發生的？在哪裡發生的？

二、你當時的感覺是什麼？

三、你在這次經驗中的反應如何？哪些反應是正面的？哪些是負面的？

四、有沒有什麼人教你或輔導你如何面對和處理這次的失去？

五、從你這次的經驗裡，你是否學到了什麼功課？別人給你的建議又是什麼？

六、你早年的經驗是如何影響到你現在處理的方式？

七、列出三件正向健康的事，是下一次你面對失去的時候可以幫助你的。

人生中的每一個失去都有它的重要性，因為那是人生的一部分，是無法避免的。失去是必然的，你的成長來自於失去你原來所有的，然後，你面對並接受那個失去。失去的過程不但在你生命中產生變化，你也因它而繼續成長，事實上，生命的意義會因為失去而強化加深。如果你能面對並處理生命中的失去，你就能健康地成長。沒有人喜歡失去，也沒有人覺得那是公平的，但是你無法改變——失去是人生的一部分。

讓我舉一個例子，龍蝦每年都得「大失一場」，因為牠們得從舊的保護牠們的硬殼脫身而出，然而新的外殼非常柔軟，很容易被海裡有攻擊性的魚類傷害到。這個脫殼過程有兩個重要的目的：第一，這是牠們交配的階段；第二，這是牠們成長的階段。如果牠們不「失去」那舊的殼，不但長不大，也無法繁殖，那麼整個龍蝦種類就要在地球上消失了。

也許，失去的經驗之所以會這麼痛苦，是因為它帶來了這個訊息：「你真的無法掌管你的生命，你控制不了你的命定，你只能完全臣服在你周遭所發生的事件當中。」

我們都想控制自己的生活——至少，我們希望自己有這個能力。「失去控制」是人類普遍的恐懼，通常，我們最怕失去的是我們的最愛：權力、名望、你最愛的人、你的工作、你的頭銜、你最喜歡的某樣東西、你最喜歡的某種情況，等等。有時候，即使是在失去的情況中，你也仍然能保留一些掌控力，你可以用某種方法或手段去製造某種局勢，譬如，某人決定主動離職，雖然他還是失去了工作，但是由於他採取主動，他會覺得他還是擁有某種控制力。再看另外一種情況，某位女性選擇被調到另一個城市工作，她會覺得情況在她的掌控中，但是，如果是他的主管來跟她說，她必須調職，那麼，她就會有完全失控的感覺，而她所感受到的失落就要大得多。

許多人堅持掌控他們的生活，因為他們害怕別人會來控制和影響他們的生活。那些控制欲強的人，通常害怕信賴別人，害怕自己無法控制自己的未來方向。換句話說，你的行為是在向別人炫耀：「我知道什麼是對我好，什麼是對我不好，我擁有所有的知識和技巧來掌握我的生命。」

那些性格僵硬，頤指氣使的人，和那些控制狂、完美主義者，是很難去面對人生的失敗和挫折的，因為他們性格剛硬，缺少彈性，所以，他們常常會因為彎不下腰而斷裂。他們面臨的失去越是出乎意料，也就越難去面對。這些挫折會迫使他們去做某些調適，但是，這對他們來說太難了。除了性格上的剛硬，他們也缺少變通的能力，這就使得情況更加嚴重。讓我引用歐格威博士（Dr. Lloyd John Ogilvie）的話，來看看這些控制狂所處的謬誤情況：

我不知道這些控制狂是如何與上帝相處的，我也不知道，他們怎麼能夠去相信耶穌是他們的救主，還有，我也很好奇，他們怎麼知道上帝在他們身上的旨意是什麼（或許他們從來沒有想過這個問題）。我不知道這些控制狂如何能去面對那些人生中出乎意料、無法控制的失去，並且從中學到屬靈的功課。控制狂無法信靠上帝，因為他們害怕控制他們生命的人不是他們自己。

有關控制欲和畏懼與我們屬靈生命的關係，歐格威寫道：

我們想要控制自己、他人和整個局勢的欲望，會使我們與基督的關係成為一種權力鬥爭，我們非常不願意放棄我們的掌控權，讓上帝在我們生活裡作主。我們可以相信祂的存在，並且在教會和一些事工上很活躍，但是，想到讓祂來作我們生命的主，就感到非常害怕。儘管我們會為各種挑戰和問題，向祂禱告，但是，私底下，我們早就決定了什麼是對自己和他人有利的情況，我們想要的只是能夠達到那個目的。

在這同時，我們繼續不斷地設定我們的目標和計劃，我們仍然堅守我們人生舞台上的寶貴地位，包攬了編劇、卡司、導演、舞台指導和製作人所有的工作，因為，我們已經決定，我們就是這個舞台上的領銜主角。[7]

你是否同意他的見解呢？其中有些是不是就是你自己的寫照呢？

的確，對你來說，信賴別人——即使是上帝——是要冒風險的。憑信心生活也許是一個全新的經驗，但坦白說，在耶穌基督裡憑信心生活，要比你靠自己安全得多了。企圖掌控你的生活，基本上就是把自己推入一個隨時需要掌控的牢籠裡，然而，信靠上帝卻會為你的生活帶來自由，而非捆綁。

我們需要記得的是：事實上，我們從來沒有掌控過我們的生命。就在此刻，你就沒有完全的掌控權，而你也永遠不會達到完全掌控的地步。唯有上帝能掌管一切，不是我們。為什麼要活在那個「我們必須掌控一切」的神話裡呢？我們應該活在一個比較好的情況中。

我忍不住猜想，如果我們給耶穌基督三十天的時間，讓祂完全來掌管我們的生命，那會是怎樣的一種光景，很可能，這會幫助我們去處理所有生命中的失去。

我知道這是一個奇怪的問題，但是，你是否想過那些因著失去而來的好處呢？對基督徒而言，失去確實包含著另一層意義：屬靈的成長。然而，這並不是自然而然就會發生的，不少人在面臨失去的情況下，喪失了信心。但是，這的確是一種能幫助你「更像耶穌」的途徑和機會。

失去，可以增加我們的信心，它能幫助我們更加信賴上帝和祂的供應，而不去依靠自己。人生中的每一個失去，都提醒了我們一個事實：我們不是在掌控的位置，我們也不能自給自足。因此，每一個失去都會把我們帶入上帝的恩典中，在那裡得到安息。失去，幫助我們改變原有的人生觀，讓我們對生命中的希望和目標得以成熟（哥林多後書四章十七至十八節）。上帝指示保羅把這個訊息傳給我們，教我們知道在患難和受苦之中，有極大的喜樂（羅馬書五章三節）。

失去，會產生屬靈的成熟度，在我們的性格裡發展出耐心、隱忍、謙卑、老練、感謝和自律的品格。

「不但如此，就是在患難中也是歡歡喜喜的；因為知道患難生忍耐，忍耐生老練；老練生盼望。」（羅馬書五章三至四節）

今天，我們活在一個一有需要就要得到滿足的時代。失去教給我們一個功課，就是，那並不是百分之百的定律。我們不能要什麼就有什麼，什麼時候要就什麼時候得到，而且可以不擇手段得到滿足。

就如使徒保羅，當我們經歷失去的時候，我們的觀念會因之改變。保羅發現了在他生命中，失去所代表的意義。在哥林多後書十二章一至十節中，他說到肉體上的一根刺，他求上帝挪去，但是上帝沒有允許。然後他發現那根「刺」在他的體內有特別的目的，因為上帝的能力在保羅的軟弱上，顯得完全。

願頌讚歸與我們的主耶穌基督的父上帝，就是發慈悲的父，賜各樣安慰的上帝。我們在一切患難中，祂就安慰我們，教我們能用上帝所賜的安慰，去安慰那遭各樣患難的人。我們既多受基督的苦楚，就靠基督多得安慰。

我們受患難呢，是為教你們得安慰，得拯救；我們得安慰呢，也是為叫你們得安慰；這安慰能叫你們忍受我們所受的那樣苦楚。我們為你們所存的盼望是確定的，因為知道你們既是同受苦楚，也必同得安慰。

弟兄們，我們不要你們不曉得，我們從前在亞細亞遭遇苦難，被壓太重，力不能勝，甚至連活命的指望都絕了；自己心裡也斷定是必死的，叫我們不靠自己，只靠叫死人復活的上帝。祂曾救我們脫離那極大的死亡，現在仍要救我們，並且我們指望祂將來還要救我們。你們以祈

禱幫助我們，好叫許多人為我們謝恩，就是為我們因許多人所得的恩。（哥林多後書一章三至十一節）

上帝活在我們的生活裡，祂保存了我們的生命。失去，會奇妙地把陌生人聚合起來，我們所經歷的痛苦加深了我們對人的同情心，讓我們能感受到別人的苦楚。多年來，我發現自己對身障者和他們的父母家人有這種自然反應，不論是在什麼情況裡，我總是會等不及地想去幫助他們。我們是被呼召去安慰彼此的一群人（帖撒羅尼迦前書四章十八節），並與哀哭的人同哭（羅馬書十二章十五節）。[8]

我們所失去的會改變我們的價值觀，比如這樣的問題：為什麼我消耗了這麼多時間在那件事上呢？為什麼我花了這麼多年在哀悼過去？這些都是我們常會問的問題。但願，當我們從這些經驗中學到功課之後，我們的人生會與過去有所不同。

療癒練習題

以下是一系列關於哀慟與失去的陳述，請詳讀每一條，勾選同意或不同意。在團體討論時，當每個人都回應了問題之後，以舉手方式表達同意或不同意，然後進一步彼此分享為何回答同意或不同意。

一、當人們「屈服」於憂傷的情緒時，要表達哀慟的情緒，會更為困難。

□同意　□不同意

二、時間可以治癒所有的傷口與失去的痛苦。

□同意　□不同意

三、成熟的基督徒對於失去的哀慟不會像非基督徒持續得那麼久。

□同意　□不同意

四、有些人即使失去了很重要的人事物，也不需要感到哀慟。

□同意　□不同意

五、失去的傷痛，在失去的當下與一年之後的傷痛程度是一樣的。

□同意　□不同意

六、基督徒不會像非基督徒一樣，很容易因為失去某人或某物而對上帝生氣。

□同意　□不同意

七、經歷失去的痛苦後，為了盡快撫平哀慟，最好趕快找到替代品。

□同意　□不同意

八、在生命中，尚有比失去摯愛更難撫平的失去之痛。

□同意　□不同意

九、當失去某人或某物時，質問「為什麼」的這種態度，反映了一個人的信心程度。

□同意　□不同意

十、一個人的信仰與神學觀，會影響他表達哀慟的方式。

□同意　□不同意

十一、哀慟的情緒若維持超過一年，是不正常的。

□同意　□不同意

十二、我們在生命中所承受的所有苦難，都是上帝的旨意。

□同意　□不同意

十三、承受巨大的傷痛時，「拒絕接受」對身心健康會有益處。

□同意 □不同意

第三章

哀慟的意義

哀慟的目的是讓你越過痛苦的反應，好去面對你的失去。

當你走入哀慟，意味著你進入了一座幽谷。哀慟不是什麼豐功偉業，也不是什麼高貴的情操，哀慟是痛苦的，是一個努力的過程。它會持續一段時間，但是，它是你處理任何的失去所必須經過的通道，有人說那是強烈的精神煎熬，有人說那是尖銳的哀愁，還有人說，那是扎心的悔恨。

哀慟的過程不但包含了各式各樣的情緒，而且這些情緒還激烈地互相衝突著，在每一個失去的後面，接踵而至的情緒包括了苦毒、空虛、痲痹、愛、憤怒、罪惡感、悲情、畏懼、自憐和無助。用下面這段話來描述這一大堆情緒是很恰當的：

所有這些複雜的情緒把你推入了冰天雪地，你發現自己站在厚厚的冰上，如果冒然作任何動作，都會帶來極大的危險。你看不見任何東西在成長，感覺不到任何突破，你甚至開始懷疑春天是否還會再來。雖然，你明明知道去年鬱金香確實從雪堆裡鑽出來過，你卻無法確定春天是不是還會再來。[1]

一位年輕太太告訴我，她和先生準備領養孩子，但是領養的手續卻突然終止了，因為嬰兒的生母改變了心意，要留下那個孩子。她說：「我感到，好像什麼東西從我體內被切割了出去，痛得不得了，就像裡面被挖空了。」

另外一個離了婚的男士對我說：「過去十三年來，每次我兒子來跟我渡週末，最後送他回他媽媽那裡的時候，我就會重新感到失去他的痛苦，彷彿我的心又被戳了一刀又一刀。」

上帝知道我們的痛苦和哀傷嗎？在創世記裡，我們可以找到答案。創世記六章六節說：「耶和華就後悔造人在地上，心中憂傷。」

當哀慟像影子一樣跟隨著你，你在感情、思想和態度上都受到了它的影響。它影響到你與別人的互動，也從生理上影響到你的健康，並產生一些徵象。你的身體和你的心智都在跟你一起哀悼你所失去的。

哀慟涵蓋許多不同的變化，它在不同的時候以不同的形貌出現，而且來無影去無蹤。要知道，這些都是正常且可以預料的反應，並不是反常的現象。事實上，如果沒有這些反應才是有問題的。哀慟是非常個人的經驗，你不需要有了別人的同意或認可，才開始你的哀慟過程。[2]

為什麼我們要有哀慟的過程？又為何要經驗這些痛苦呢？目的是什麼？哀慟基本上涵蓋了以下三個環節：

• 經過哀慟，你可以表達那份失去的感覺。

• 經過哀慟，你對這個「失去的遭遇」表達了抗議，也表達出你有多麼不希望它發生。
• 經過哀慟，你表達了這可怕的失去在你身上所造成的影響。[3]

哀慟的目的是讓你越過那些痛苦的反應，好去面對你的失去，並去適應未來的日子。哀慟的最終目標是幫助你作出必要的改變，好讓你用健康的態度去接受你所失去的。在這個過程中，一開始，你會產生許多「為什麼」的問題，如：為什麼這種事會發生在我身上？但漸漸地，你的問題會轉變成：我「如何」能從這個經驗中學到功課？我「如何」能繼續活下去？當這些「如何」的問題取代了「為什麼」的問題時，就表示你已開始面對你的失去了。「為什麼」類型的問題代表了你在尋找失去的意義和目的。「如何」類型的問題，反應了你已開始尋找適應失去的途徑。[4]

你最終的目標是能夠說出這樣的話：

這段失去的傷痛在我生命中是一場大地震，事實上，那是我所遭遇過最大的打擊了。難道，我的人生就要這樣完結了嗎？不！我仍然能有豐碩的人生。哀慟與我同行了許久，它也教會了我很多功課，我可以藉著它成長，並變得比以前更強壯。[5]

在我們被失去的經驗摔到路邊之後，哀慟是幫助我們重新生活的必要過程，這包括了把該留在背後的東西留在背後，把我們該帶走的東西帶著，同時，教我們辨認這兩者的不同。[6]

你需要怎麼做才能到達這成熟的境地呢？是不是有什麼特別的步驟可以依循，免得在失去的痛苦裡打滾、猜測呢？基本上，面對大多數人生的失去，有四個步驟是可以依循的。

首先，你需要改變你與所失去之對象的關係。如果你失去的是你的另一半，那麼，你最終必須了解到，你的伴侶已經過世，你不再是那人的配偶了。如果是約會的對象，你便不再是那人的男女朋友了。你必須認識到這個事實上的改變，然後，對那過世的或失去的對象，發展出一種新的對待方法。你必須學會一件事：沒有那個人，你仍然能夠活下去。在起初階段，好或壞的記憶都仍會跟著你，我們可稱之為承認和了解你所失去的。除了人以外，你所失去的還可能是你原有的工作、你的房子或財產、你祖國的文化，或是你原來所熟悉的生活方式。

第二步是發展你的自我和你未來的生活，好順應失去所造成的人生變化。這會因人而異，端看所失去的是什麼，是工作，還是一個好機會，是不是你與某人的關係，或是父母、配偶或其他親人。

第三個階段是，不管你所失去的是什麼，你開始發現並採取一種新的存活方式，這會牽涉到新的自我認同，但並不表示你會忘了過去。

最後一個階段是，你發現了一個新方向，使你終於可以把原來投注在那個人事物上面的感情，轉移到去為自己打開一個新的局面。[7]

這四個不同的階段聽起來好像很容易，其實不然，因為，處理任何形式的哀慟都是一份吃力的工作，你需要付出許多精力，而且，那個過程是痛苦的。現在，讓我們仔細看看，這些步驟該如何逐步進行。

在哀慟的過程中，對自己承認你的失去是最重要的關鍵。由於每種失去的嚴重性不同，有些經驗過不久就會逐漸模糊，但另一些失去，比如孩子或配偶的死亡，也許是永遠都無法完全撫平的。但是，對自己承認你的失去，確實能幫助你把那慘痛的經驗融入你生命的過程。

你必須克服你的驚恐和否認，誠實地面對所發生的事。這表示你在說：「是的，很不幸，這件事真的發生了。」面對失去的事實，意味著你不再延遲那份痛苦，也不再否認悲劇的發生，也就是，你不再企圖縮短哀慟了。

如果你避免自己感受到失去的驚恐，並且對自己否認它的存在，你就是在加深你的痛苦，並且欺騙你自己，想要大事化小，小事化無，好繼續活在否認之中。這些都是我們正常的自我保護反應，而其中關於哀慟最普遍的謬論就是：我們應該把我們的感情壓下去，埋起來。我們經常會說一些話，想安慰正在哀慟中的人，例如：「別哭了」，「不要難過了，畢竟他已經到上帝那裡去了」，或是「你要節哀，你可以撐過去的」，等等，這些荒謬的說法都是極其有害的。而通常，說這些話的人自己是處在一種焦慮的狀況，因為他們從未學過如何面對失去的問題，於是就套用一般的用語，以為自己盡到了責任。不管他們說這些話的原因是什麼，總之，這類的話是無濟於事的。

如果你能把自己對失去所產生的感覺和反應，列出一張清單來，將可幫助你處理你的問題。至少，這會幫助你去面對所發生的事，去誠實感覺你所經歷的情緒。有位作家描述：「哀悼你所失去的，意味著你允許你自己去『感覺』你的感覺，去『思想』你所思想的，為你所失去的『哀哭』，並對你的哀慟『發出抗議』。」[8]

另外一個讓自己面對失去的方法是，在事情發生之後，馬上告訴某些人你失去了什麼，不要作任何畫蛇添足的小動作，只要開門見山地說：「我失去了（某個人事物），我難過得不得了。」或許，你可以把你坦然的話語作個記錄，你是對誰說，哪一天說，和他們的反應。許多人發現，當他們在事發的第一個星期，每天對一兩個人這麼做，對他們處理自己的情緒有很大的幫助，因為，這表示你有意識地在作決定──「我要面對這個傷痛」。你可以把這種和傷痛硬碰硬的經驗描述為「強烈的情緒苦難」，你明知回到你的「心房」會碰到許多不速之客，如憤怒、否認、恐懼、焦慮、瘋狂、憂鬱和許多不知名的情緒，但是，你還是決定回到你的「家」。

有時候，人們會希望可以回到事情剛發生的時刻，至少，在那個驚嚇中，他們掉進一種痲痹的情況，他們被事件的恐怖凍住了，感覺不到太多的痛苦。那種痲痹很像打了嗎啡一樣。「痲痹」的定義是「缺乏感覺，無情緒反應」。當悲劇事件爆發時，很多人會好像進入一種迷幻狀態。[9]

你哀慟的嚴重程度會決定你痲痹的情況，也許，你只會情緒低落一陣子就恢復過來，但是，你也可能痲痹到幾乎癱瘓。通常，在事發的二十四小時到三十六小時之間，那種痲痹感會開始消除，於是你會開始感到傷痛。這種傷痛會像四季變化一樣，一個接一個來，包括：憂鬱，憤怒，平靜，害怕，最後終於出現了希望。但是，它們並不像春夏秋冬有個順序，他們也不會劃清什麼界線，它們會隨意重疊，也會像擁擠的交通，全部塞在一起。有時候，你以為你已經送走了某個季節，突然，它又從大門闖了進來；有時候，你發現你終於可以微笑了，突然，眼淚卻滑下了你的面頰；有時候，當你開始大笑，突然，你又被憂鬱的烏雲遮蓋。這些都是正常的，也是必然會發生的，因為，這就是醫治的過程。

哀慟者所經歷的痛苦向來都不是從頭到尾一致的，就像海浪一般，在一股又一股痛苦的浪頭之後，會有短暫的平靜。當然，在最初那強烈的哀慟裡，那些浪潮不但來得洶湧，而且停不下來，漸漸地，那些浪頭減弱了，次數也不那麼頻繁了。你可以把這些浪頭想像成收音機的音波，每一個浪頭都代表著如高山一樣巨大的痛苦，而每一座山谷則代表浪頭之間那些平靜時刻。一開始，那些山峰的形狀既高且長，而那些山谷的形狀則是既窄又短。漸漸地，那些山峰降低了，而那些山谷也開始變寬。一段時間之後，那震撼人心的風暴就會開始平靜下來。只是，幾個月或幾年之後，可能又會有一個強勁的浪頭衝向那原已平靜的海灘。尤其是當大家在慶祝佳節的時候，家人甜美的回憶會磨搓到你那還會疼痛的傷口。一位喪偶的中年婦女這麼說：「每到聖誕節，當我忙完了該辦的事情之後，我會一個人坐下來，好好大哭一場。」每隔一段時期，哀慟的浪頭會重新打向我們靈魂的海灘。[10]

對人生壓力有特殊鑽研的羅勃·維寧格（Robert Veninga）博士說：「其實，全然進入我們的哀慟有它奇特的價值，因為，一旦你經歷過嚴重的失去，你才會體會到，活著是一件多麼令人驚異的事。」[11]

最近，我在費德利克・福賽（Frederick Forsyth）的小說《調停者》（*The Negotiator*）中讀到一段有關未能經歷哀慟的人，真是太準確不過了。故事是說，一位總統的兒子被綁架了，由於總統完全不知道兒子的下落或情況，也不知道是否可能被釋放，這位作爸爸的總統哀傷至極。後來，他的兒子被殘忍地撕了票，在那之後，他內閣中的人非常擔心總統的情況，因為他只能整天坐在那裡發呆。他們當中有人這樣描述：「他是個內斂的人，因此很難與人分享內心的感覺，他壓抑自己的哀慟，以至他整個人都被憂鬱牢牢困住。憂鬱吸乾了他的思考能力和人性，這是兩種構成我們存活意志的要素。」[12]

為了幫助我們傳達那些話語無法傳達的深層感情，上帝給我們一個特別的工具：眼淚。陸可鐸（Max Lucado），這位當代極具才氣的作家，在他的《難怪他們稱祂為救主》（*No Wonder They Call Him the Savior*）一書中，〈祕密的信差〉那一章裡，精采地描寫了眼淚的特殊任務：

在我們跟那些站在十字架前面的人說再見以前，我還要介紹另外一個角色，這個介紹很特別。

在那一天，還有一個群體也出席了，他們的角色非常重要。他們沒有說什麼，但是他們都出席了。沒有人注意到他們，不過這並不令人意外，因為他們生性沉默，也因此，他們常常被忽略。事實上，福音書的作者也沒花多少墨水在他們身上，但是，我們知道他們都在那裡，他們必須在場，因為他們有特殊的任務。

是的，他們的出席不只見證了那神聖的一幕，他們還表達和捕捉了整個神聖的戲劇。他們流露了彼得的絕望，他們泄露了彼拉多的罪惡感，他們揭露了猶大出賣耶穌之後的苦痛，他們還傳達了約翰的困惑，他們更表現了馬利亞的愛。

然而，他們所扮演的主要角色還是在彌賽亞身上，他們以完全的纖細和溫柔，讓祂的痛苦得到了釋放，也幫祂表達了內心的渴望。

你也許覺得奇怪，我到底是在描寫哪些人物呢？

眼淚。

它們是小滴小滴的人性，那些圓圓濕濕的球狀液體，從我們的眼睛流到我們的臉頰，然後，濺在我們的心版上。在那特殊的一天，它們在那裡，它們總會在那種場合出席的，它們必須在那兒，因為那是它們的責任，它們是微小的信差，每一天二十四小時等候着，當我們的語言癱瘓而出不來的時候，它們就會在我們的眼角聚攏，滴落，氾濫地淌出來，把在我們內心的情感運載出來。當它們從我們的臉上下墜時，便宣告了我們各種音調的感情，從最高的喜樂一直到最低的絕望。

這是一個非常單純的原則：當言語已罄，眼淚是最好的語言。13

創世記四十二到五十章，說到約瑟與他的兄弟和父親團聚的故事。當他第一次見到出賣了他的哥哥們時，他以埃及宰相的身分告訴他們，他們當中必須有一人留在埃及，這些哥哥們就開始擔心有不好的事降臨。當約瑟聽着他們用自己的母語談話的時候，他內心的感情開始澎湃，以致他「轉身退去，哭了一場」（創世記四十二章二十四節）。當他的哥哥們第二次回到埃及，照約瑟的要求，帶來他同父同母的弟弟便雅憫的時候，經文說：「約瑟愛弟之情發動，就急忙尋找可哭之地，進入自己的屋裡，哭了一場。」（創世記四十三章三十節）後來，當他的哥哥猶大自願替代便雅憫留下作人質，好免去父親雅各的痛苦時，約瑟終於忍不住內心複雜的感情，再度大哭了一場（創世記四十五章二節）。

除了以上的這些記載，創世記還描述了另外三次約瑟哭泣的情境，一次是當他許久不曾見到的父親到達埃及時，另外一次是當他父親在十七年後過世的時候，最後，是在他的哥哥們傳了信息給他，請他原諒他們多年前出賣他的時候，經文記載：「他們對約瑟說這話，約瑟就哭了。」（創世記五十章十七節）

當我們啞口無言的時候，眼淚替我們說了話。眼淚是上帝賜給我們的禮物，它幫助我們釋放內心的情感。當耶穌在拉撒路死後四天到達伯大尼的時候，他哭了（約翰福音十一章三十五節）。肯尼・蓋爾（Ken Gire）在他的《與救主的奇妙時刻》（*Incredible Moments with the Savior*）一書中，描述了這段美麗的反思：

當我們往拉撒路的墳墓走去的時候，另一個問題又開始困擾我們。當初，耶穌前往這個墓地時，祂十足確定地說，祂的朋友會從死裡復生，但是，為什麼當祂見到墳墓的時候，還會那麼激動呢？

也許，園裡的墳墓提醒了祂，伊甸園是為什麼才荒蕪的，人類是在怎樣的情況下才失去了他們的樂園，還有，也許那又黑又冷的墳墓讓祂想到，祂自己必須先進去，然後才能復活，拯救整個人類。

不論如何，令人驚異的是，「我們的」困境會使「祂的」靈憂傷，而「我們的」痛苦會觸動「祂的」眼淚。

在所有耶穌所行的醫治裡，使拉撒路復活是其中最大膽和最戲劇性的一件，祂必須勇敢地進入敵人的營壘，才能把祂的朋友從死亡的爪牙中拯救出來。

那真是個難以置信的時刻。

這顯示了耶穌正是祂自己所說的——復活和生命。但這還顯示了另外一件事：

上帝的眼淚。

而誰能說哪一件事更令人驚奇——是一位會讓死人復活的人，還是一位會為了人而哭泣的神？[14]

有關眼淚，麻煩的是，你永遠不知道在你哀慟的過程中，它會在什麼時候冒出來。很多人都知道，當你經歷人生重大的失去時，你常會被突如其來的悲傷打倒。今天，我對哀慟的了解比過去多了很多，但我仍不知道，什麼時候我會遭到突擊。

有一天，這樣的突擊發生在我的母堂「好萊塢長老教會」。那天崇拜的重點是關於五旬節聖靈的降臨。當管風琴在彈奏的時候，突然間，銅管四重奏的聲音充滿了整個會堂。過去，長號的聲音總會讓我的兒子馬太有奇特反應，他會抬起頭來，流露出驚異的表情，彷彿在說：「啊！我從來沒聽過呢！」

敬拜音樂中，銅管的聲音也帶回了另外一段回憶：馬太快樂的笑聲。多年前，我心血來潮，決定學習吹奏長號（我努力維持了幾年）。我去買了一只長號，然後每個禮拜都去上課。有一次，當馬太從療養院回家時，我把長號拿出來練習。他看著我，帶著一臉奇怪的表情，好像在說：「我不相信我聽到的這個聲音！」他繼續聽我再度聒噪了一陣，然後，他把頭往後甩過去，開始大笑，發出了我們從來沒聽過的一連串笑聲，他就這樣笑了一次又一次，直到我們也被他的笑聲感染，笑到肚子都痛了起來。我這個長號新手雖然不怎麼樣，但至少討到了馬太的歡心。不用說，那段回憶把我的眼淚再次帶了回來。

另外一回，我一面開車一面聽查克·思文杜（Dr. Chuck Swindoll）的電台節目，他列舉所有門徒的名字，當他說到「馬太」的時候，我那沉在感情大海的哀慟又像浮標一樣冒了上來，那份哀傷的情緒持續了好幾天。誰能想到，單單提到一個名字也能掀起這樣的情緒海嘯呢？

然而，有時候，我的感情會沉澱而不浮動，好似輕度的痲痹，我不知道什麼時候傷痛會再次襲擊。馬太過世後三個月，許多工作和事項使得我非常忙碌，我沒有感覺也沒有眼淚。但是，有一次我在跟一對有個身障孩子的父母進行諮商時，我提到了自己的這種痲痹，我的眼淚不禁流了出來，使我這個輔導別人的人反而陷入了崩潰的情緒。另外一次，是我收到了一個朋友的來信，這個朋友十九歲的兒子在四年前出車禍死了，在信中，他告訴我，他至今都還感覺得到四年前的哀慟，沒有絲毫進展。當我想到，我和太太是不是也會這樣的時候，我的眼睛又變得模糊了。

在我前面提到的那段「乾涸期」，巨大的哀慟還是發揮了負面的影響。那天，我一邊踩室內健身腳踏車，一邊聽泰瑞・克拉克（Terry Clark）的讚美詩歌，其中有一首是《我記得》（*I Remember*）。我一面踩著輪子，一面在心裡思考着要登在一本冊子裡的措辭，那本冊子即將發給數千位參加過我們研討會的人。我在心裡猶豫着，不知道要不要提到馬太，因為大多數的讀者都知道我們和馬太的故事，我構思着一句話：「這些年來，我們都在為馬太的痊癒禱告……。」就在這個時候，也許是因為那首播放中的詩歌，也許更因為，那天正是他的喪禮後，我第一次準備去拜訪他的墳墓，總之，突然間，我的眼淚氾濫成災，無法抵擋那失去他的痛苦，我忍不住放聲痛哭。然後，我走到了別的房間。喬伊絲一定也聽到了我的哭聲，她一句話都沒有說，只是過來抱著我。再一次，在無聲的哀慟裡，我們在那短暫的擁抱中，找到了安慰和彼此的支持。話語是多餘的，我們的眼淚成了最適當的語言。

我們當中某些人從來沒學會怎麼哭泣，我們把眼淚收得緊緊的，不准它流出來。我們對流淚感到緊張，甚至恐懼，我們在內心哭泣，但是絕對不讓它被人發現。你可以幫助自己克服這種禁錮，讓自己去「學習哭泣」，這不是你做一次就會的，你需要多做幾次，尤其是在事發之後的幾個月。

在你的住所選擇一間對你有特殊意義的房間，你需要一盒面紙，一個音響，幾張你所失去的那人的照片，不管是絕交了的男女朋友、離婚的配偶，還是死去的親人。

把燈光調暗一點，把電話線拔掉，避免任何的干擾。然後，把音響打開或找一個沒有什麼廣告的電台，讓那些緩慢溫情的音樂流出來。當你開始覺得難過的時候，繼續去想那個人，以及你所失去的，定睛在那個人的照片可以幫你回想起你們過去所有的，讓那些親密美好的時光重新出現在你眼前，然後，把自己內心的感受大聲說出來，而且，不要去阻止你的眼淚。

有時候，你可以在面前放一把椅子，彷彿那人就坐在上面。你還可以大聲告訴上帝，你失去了什麼。眼淚和話語可以幫助你表達糾結在你裡面的悲哀、憂鬱、渴望、憤怒、傷害和挫折感。

要知道，在你表達那些情緒的時候，醫治與復原就開始了。當你覺得自己裡面鬆動一點的時候，允許自己去得醫治。注意一下那些浮出來的正面思想，大聲把它們說出來。在這之後，把那些幫助你感情流露的物件收拾起來。把這些「練習哭泣」的經驗跟你可以信任的人分享，或者把它們寫在日記裡。你會發現，你對哭泣的畏懼和抗拒漸漸降低了。下一次會變得容易得多。[15]

在失去的經驗中，當起初的驚慌過後，你會開始感到憂鬱，其實這是健康的。你的腦子開始在意識和潛意識兩個層面反應着所發生的事，在這時候，你過去所經歷的失去也在產生影響。當失去後的憂鬱開始成形，有兩件事會決定你憂鬱的程度，一個是失去本身的大小，另一個是，隨著失去而來的連帶失去的大小。

失去後，憂鬱會持續一段不穩定的時期，然後，你會進入開始恢復的階段。但是，那些承受極大哀慟，而且不知道如何處理哀慟的人，會很容易發展出負面的思想模式，他很可能會緊緊抓住已經失去的，不肯放手，或者，他會不斷回溯那個經歷，這正是悲觀者的傾向。有時候，他們會聽信一些不正確的教導，如：「如果你不期待什麼，就不會感到失望了。」或者，「永遠預設最糟糕的情況會發生，你就可以保護自己不受傷害了。」很不幸的，這類的想法最容易造成憂鬱症裡那種「火車出軌」的結局。當你把火車停在一塊坡地上而沒有煞好車，那列火車就會因地心引力往下滑動，而且，它的衝力會越來越快，終於造成不可收拾的局面。

有時候，憂鬱會把我們感覺到的罪惡感、自責、自貶、扭曲事實及錯覺等等，累積起來，並藉由想像擴大失去的規模，以致那股憂鬱聚攏了更多跌到谷底的衝力。起先的憂鬱變成了難以變更的自我批判，因為我們在無知中不斷添加自我毀滅的燃料。打個比方，一名大學生在一門重要的考試上失敗了，他感到憂鬱，並開始添加失敗的燃料，他對自己說：「我永遠也通不過這門課，我沒這個能力，我讀書的方法有問題，我大概畢不了業，我也不可能找到喜歡的工作，我的父母會覺得我沒有出息……。」如果我們讓這些負面的想法在心中駐留太久的時間，就可能會得憂鬱症。但是，當你仔細觀察，會發現，這些負面思想加起來的總和，根本不能和我們所失去的畫上等號，原本的失去根本沒有那麼可怕。

有些我們所經歷的失去的確慘痛無比，當然，隨之而來的憂鬱也相當嚴重。這樣的憂鬱有其目的：它能幫助我們去經歷我們的失去，然後，從那個哀慟裡恢復過來。[16]

你從哀慟中恢復過來的過程和你的情感有直接的關係，當我們不願承認和面對那些情感，或把它們表達出來，它們就被封住了。而被封住和壓抑下去的情感，會讓你變得暴躁，脆弱，你的許多觀念也會被扭曲。

許多研究資料顯示，在經過巨大的哀慟之後，許多人的健康會發出危險訊號。失去所愛之人後，許多哀慟中的人較容易罹患心臟病和癌症。一份長期追蹤的研究報告顯示，寡婦和鰥夫在失去配偶的第一年中，死亡率比一般人高，差不多比一般人高百分之二到百分之十七。[17]

格蘭．大衛森醫生（Dr. Glen Davidson）發現，哀慟中的人有百分之二十五在事發之後的六到九個月之間，身體的免疫力會大幅降低，這是哀慟者患病的原因之一。

但是，如果他們能夠面對哀慟而不去拖延那個過程，他們的免疫系統就可以避免受到破壞。[18]

失去的痛苦會產生許多不同的情緒和感覺，其中一種就是「焦慮」。「焦慮」是一種「未來之痛」，它混雜了許多不同類型的懼怕和擔憂，這些懼怕和擔憂有的關乎過去，有的涉及未來。對某些人來說，事實上，他們所擔心懼怕的事並沒有發生，但是，由於他們不斷地想著那些「可能會發生的事」，結果，他們就讓自己不斷地在經歷恐懼，而這種焦慮出來的感受竟可以和事情真的發生那般強烈。

焦慮可以變成一種對你有利的情緒。當你發現自己正焦慮，誠實地問自己，你到底在怕什麼，為什麼那件事對你會那麼重要，你就可以開始採取行動，去避免或減低你的擔憂。

「受傷」是失去的主要感覺，那是你現在所感受到的痛苦。它給你的感覺是什麼呢？有時候，它是悲傷；有時候，它是失望；有時候，它是鬱悶。你覺得你的生命正在消耗殆盡，而你的精力也完全被耗盡了。你需要把這種受傷的感覺表達出來。

「憤怒」是我們對痛苦的反應之一，它可以發生在過去、現在和未來。如果那股憤怒是針對過去所發生的事情，它會以「嫌惡」的形態出現在你心裡，而如果你不能把那種情緒釋放出來，它就會在生活的其他層面竄流，而如果它把方向轉向你自己的話，就會變成一種憂鬱。

你是否曾經在經歷失去的時候，製造出一個緩衝區，好拖延它所帶來的痛苦呢？這是我們很普遍的反應，為了避免在當下感受到那麼大的痛苦，我們會不自覺地去製造某種防禦工事，好給自己緩衝的機會。

我們當中有一些人會成為這方面的專家，他們會轉變成思想上的體操健將，使用各種方法和技巧，好在腦中否認失去了某個人事物，他們用這種巧妙的方法去拖延時間，以免和失去撞個正著。當我們變成這種專家的時候，我們就好像變成了古代的戰士，不斷地用盾牌去抵擋敵人射過來的劍。在這一場戰役中，我們的敵人是「哀慟」，但是，我們將註定在這個戰役中失敗，因為，不斷拖延而不面對失去，只會讓痛苦繼續折磨你。

我們企圖抵擋失去的方法大約有五個層次，第一層次的防禦工事是「否認」。在我們遭受到拒絕，被人遺棄，失戀，或親人死亡的時候，最常用的防禦工事就是去否認事件的發生。我們會說：「沒這回事！這不是真的。這不可能是真的！」

「否認」可以說是最常見的哀慟伴侶，事實上，有些人會選擇去住在那個「否認」所建築的世界裡。許多生長在某些不健全家庭裡的人，很容易發展出這種特別的能力，因為，當他們否認事實的時候，可避免在情緒上面對失去，或那些他們將會失去的東西。最嚴重的否認情況是，他們不但否認所發生的事，還更進一步否認失去的影響，他們會在潛意識裡把所有的記憶都抹去，彷彿所有的事都沒發生過。在我輔導過的人當中，我看過各式各樣的失去：失去工作，失去寵物，失去所愛的人，失去進研究所的機會……。

人們「否認」哀慟的方法因人而異，曾經有人告訴我：「諾曼，在我的腦子裡，我知道那件大事發生了，但是，我卻感覺不到。」這種情況就好像他們跑到麻醉師那裡，請他打了一劑麻醉藥，使他們找到了一個可以把「感覺」關掉的開關。但是，或早或晚，感覺和情緒還是會追上他們，攔住他們的腦子，要求齊步同行。

「否認」的另外一種情況是，哀慟者會承認他們所失去的，他們也有某些感受，但是，他們在行為上，好像沒事人一樣。有些人把這種現象稱為「第三級的否認」，而他們的「病症」好像也不太嚴重。他們的生活沒有發生什麼大的變化，而如果你問他們有關那件大事，他們也會跟你談一下，甚至有時還會流淚，但是，不論如何，你知道他們的行為和所發生的大事根本無法配合，好像少了些什麼。

「否認」在哀慟中有它特別的地位和作用，正如喬伊絲・藍德福（Joyce Landorf）所說的：

我們需要「否認」，但是我們不能逗留在那裡不走。我們必須了解，它只是上帝給我們的一個獨特的救護工具，好用在一個終極的情況下。當我們被死亡的消息吸走了所有的氣息時，「否認」就像一個氧氣罩，在我們破碎了的肺腑裡，打下第一口還未被悲傷感染的氧氣，我們吸了這一口氣，才能夠延續我們的生命。

當我們緊抓著那個氧氣罩，蓋在我們嘴上呼吸的時候，不需要有罪惡感，或擔心我們的靈命有什麼問題。但是，當我們的呼吸開始恢復正常，也過了起初的危險期後，我們應該學會不再繼續依賴它。

我想，上帝期待我們放下那個氧氣罩，藉著祂的助力，重新吸進那新鮮和自由的空氣，就是「去接受所發生的事實」。[19]

哀慟會包括好幾個層次的「否認」，每一個層次都會把我們帶進更深一層的失去，也感到更大的痛苦。首先，它進到我們的腦子裡，告訴我們發生了什麼，然後，它進入到我們的感覺，我們感受到那份痛苦，最後，在我們接受了所發生的事以後，我們改變生活的形態，好去發展新的人生。拖延你的「否認」是需要付出代價的，為了持續地「否認」所發生的事實，會耗盡你的氣力，乾枯你的感情，結果是拖延了你復原的時間。

我們「否認」，是為了抵擋那些不可思議的事靠近我們，但是，當你這麼做的時候，你就給自己帶來了恐懼。當我們否認的態度漸漸鬆弛下來的時候，疼痛會開始進入我們的感覺，但是，也就是在這交替的時候，你的恐懼也跟著慢慢消失了。當我們不願意去感受痛苦，而用理智去估量所發生的事，我們會找許多「藉口」塘塞自己。這些幫助你繼續否認的「藉口」包括：發明一套理論來解釋所發生的事，想辦法支持自己的某個觀點，或尋找罪魁，把事情怪罪到某些人身上，這些都是我們常見的反應。那些平常有強烈控制欲的人最容易找藉口，因為，對他們來說，在失望中扛起自己的責任實在太難了。

在抵擋哀慟的努力中，把所發生的事情合理化，是第二層次的防禦工事。我常常聽到我的病人如此自圓其說：「其實，我受的傷也不是那麼嚴重。」「世界上有不少好男人，更何況，我也只跟他約會了兩年而已。」或是，「那個工作本來就不怎麼樣。」「誰說我一定要開賓士呢？」「反正這個社區也改變了很多。」「畢竟，她活到很大的歲數，而且一生也算圓滿，至少，現在她不必再受苦了。」每一句這樣的自圓其說都有一個基本的目的，就是幫助他們自己去適應所面對的失去。他們希望能減少所受的撞擊，但是，如果他們堅持活在這樣「合理化」的認知裡，久而久之，就會真的相信這就是實情了，他們把這個想像出來的「理論」當作一個堡壘，而他們躲在裡面越久，就越會耽擱他們復原的機會。

第三層次的防禦工事是，把所失去的人事物理想化。這是另外一種形式的扭曲事實，好免去失去之痛苦。哀慟中的人對於所失去的人事物不好的方面，都閉眼不看，不管他們所失去的是自己的工作、所愛的人，還是一場無法挽回的婚姻。有一個青少年，在他那酗酒又會打人的父親死去以後，用這種方式描述他的父親：「爸爸供應了我們豐富的生活所需，其實，他是愛我們的，雖然他的方法有點奇怪。」

也許，我們都喜歡把事情理想化，但是，在哀慟的過程中，這種傾向應該適時地結束，因為，只有這樣，你的失去才會以正確的畫面顯示出來。在有些人的情況，他們把那理想化的過程發揮到極致，以至於他們根本不容許任何人有不好的評語，即使有人客觀地說出事實，他們也會使盡吃奶的力氣去否認。

至於第四種防禦工事是「反向作用」，簡單地說，就是往事態的反方向防禦著可能發生的事。當某些人面臨失去時，為了逃離他們「快要」感受到的痛苦，他們會花很多力氣去強調與現況正好相反的情形。

你是否有過這樣的經驗，在你感到將要失去什麼的時候，你開始過度反應地預防它的發生？如果一個學生發現他整個學期的成績快要不及格了，他便開始努力準備最後的考試，希望可以把局勢挽救回來，這是正面的反應。但是，如果他整天把自己關在房間裡面苦讀，不吃東西也不睡覺，那就是過度反應了。還有一些人，因為怕某個心愛的人離開，就萬般忍耐，臣服在那人所有的要求之下，只希望這樣做可以挽回那人，那也是一種過度反應。

很多父母在不知不覺中會犯這種錯誤，當他們的孩子進入青春期的時候，他們感覺到本來很親密的親子關係好像被孩子的同學或同年齡的朋友給取代了，為了防止失去他們與孩子的親密感，他們開始立下嚴格的家規，防止孩子正在發展的獨立人格。很不幸的，這種「過度反應」常常造成反效果，他們青少年的孩子會開始反叛，跟父母保持距離，或者發展出迂迴的人格，好繼續滿足他們的需要。

最後一種防禦工事是「退化作用」，從目前的成熟度退化到較幼稚的階段。很多年幼的孩子會用這個方法，但某些成人也會採取這個途徑。為了不要感受到痛苦，他們把時間倒轉，在行為上和思想上都返回到比較幼稚的階段。「退化作用」可以說是所有防禦工事中最沒有功效的一種。

如果「退化作用」或任何前述的防禦工事，成了我們的永久避難所時，我們的痛苦其實並沒有消失，只是被鎖在一個地牢裡不見天日，這會防止我們從痛苦中痊癒，也防止了我們的成長。只有誠實地面對我們的失去，處理因之而來的哀慟，我們才能得到醫治，除此之外，沒有其他的途徑。[20]

有一件我們必須記得的事是：在你經驗到人生的失去時，不論程度大小，你都需要某種支持，關懷和安慰。也許，你只覺得在重大事件發生時才有這個需要，但是，從健康的觀點來看，我們在比較小的損失上，也應該有某種支持和慰籍，這些較小的損失好比：斷裂的人際關係，你的孩子沒被你的母校錄取，失去了你的寵物，房子沒賣成，在比賽中落選，等等。

在哀慟中孤立獨行是非常危險的，如果你能有個朋友，即使是交情不深的人，都可以幫助你走過那段低谷的路程，他們的存在會讓你感到，你不是完全被拋棄了，並且能幫助你從憂鬱中振作起來。他人的同在會讓你看到，你還活著，這就像在你完全絕望的時候，他們把他們現在所有的希望和信心借給了你。這就是為什麼有這麼多人去參與各種支持團體的原因。依照美國公共健康組織的估計，在一九七〇年代，有一千五百萬人加入了五十多萬個支持團體，當然，在那之後，有更多人加入更多的支持團體。

你可能理智上知道待在人群中對你來說再好不過，可是情緒上你卻不想跟那些人在一起。如果可以把這種感覺跟一位客觀、親切又願意傾聽的朋友談談，或者把所有的感受寫下來，表達出來，對你都會有幫助。這種事不是做一次就夠了，而是要一次又一次重複去做。有些人透過跑步、健走、輕聲說話、大叫、畫圖、搥床等方式表達情緒，你也可以有很多種表達情緒的方式。

安・凱澤・史登（Ann Kaiser Sterns）在她一本書中提到珍與艾德這對夫妻，他們七歲的兒子馬克不幸去世了。史登描述了他們的一段經驗，是發生在馬克過世後不到一年的事：

在馬克過世後的第一個聖誕節，珍認識的一位女性鄰居悄悄打了通電話。她能想像得到，對失去長子的珍與艾德來說，過聖誕節是一件多麼痛苦的事。「我不知道是否應該打這通電話」，她說：「我想，你們今年應該不會買禮物給馬克……。」鄰居說到這兒，突然說不出話，並哭了出來。

珍回答她：「你一定鼓足了勇氣，才打了這通電話給我們，跟我們說這些話。」珍說著說著，也哭了起來：「我哭，不是因為你說的話讓我傷心，而是因為你還記得我們家的馬克，對我們來說這就是一份禮物。」[21]

《洛杉磯時報》的一篇報導曾提到有一位婦人打電話向「哀慟熱線」求助。她五十五歲的先生去年在聖誕節前幾天過世了。現在，每當有節日，她的孩子們總會邀請她一起過節。可是，她卻很怕在孩子們面前會忍不住哭泣。她不想知道沒有丈夫在身邊的生活該如何過下去，也不想去學這門功課。孩子們一直跟她說，她應該沒事了，因為丈夫過世已經一年了。

電話那頭的輔導員請她分享一些跟丈夫有關的事，她說了關於他們第一個共度的聖誕節，還有他們一起買的那棵小樹——他們當時很窮。輔導員也讓她說說發生在他丈夫身上有趣的小事，那些讓人一想起來就會發笑的往事。接著輔導員送給她一段話，讓她每當想起丈夫而痛苦時，就對自己說：「在節日時，我會更想念我丈夫，也會忍不住哭泣，但這並不是一件錯事，我不需要修正我的方式。」[22]這段陳述是我們需要牢記在心的：每當我哭泣，我無須要求自己停止流淚，因為我並沒有做錯事。

在我們的兒子馬太離世以後，人們關心我們如何面對我們的失去。我們說：「我們還『過得去』，我們哀傷，哭泣，感受到失去他的痛苦。」其他我們說的話大多是在解釋「還過得去」是什麼意思，不然的話，他們很可能以為我們已經不難過了。

你會對自己的哀慟感到不舒服，而你周圍的人更可能感到不知所措，他們希望你快快「恢復正常」，不然，他們會希望你至少表面上恢復正常，但是，你還沒有到達那個階段，而他們根本沒有權利要求你立刻恢復。這是你的哀慟和損失，不是他們的，沒有人可以把它從你那裡搶走，但是，有人很可能就是有這個企圖，因為你的哀慟使他們覺得「不舒服」。許多年前，人類學家瑪格麗特．米德（Margaret Mead）曾經說過：「當人們出生的時候，我們會慶祝，當人們結婚的時候，我們也會歡喜祝福，但是，當人們死去的時候，我們居然視若無睹，好像根本沒發生一樣。」[23]

喜獲麟兒或結婚喜事，同時也意味著人生的失去。但人生的喜悅往往凌駕人生的失去，多數人都知道在喜事的場合該說什麼，做什麼，但面對死亡，就認定是關上了人生的喜樂之門。

人生是痛苦和喜樂的混合體，我們現在討論的是痛苦這方面。你所面臨的失去對你的嚴重性有多大，還有，現在你究竟需要什麼，必須從你個人的角度才看得清楚，因為，只有你這個當事人才會知道，你所失去的對你個人究竟有什麼意義。

很多人並不明瞭哀慟中的高山與低谷，下方是個有關痛苦程度的圖解[24]：

注意圖裡那些突起的高點，在哀慟的過程中，痛苦的程度常常是在第三個月時最強烈，然後會慢慢減緩，只是，它不是平滑地下降，而是不規律地高高低低。大部分哀慟中的人都不需要別人提醒他們親人過世的週年忌日，那種心痛的程度很可能和事發當時一般高，而如果有人對你說：「已經過了一年，你應該克服悲傷了吧？」或著：「你應該好多了吧！」你會對他們非常生氣，這是完全可以理解的，除非那些人自己經歷過哀慟，否則他們是不會明白的。你可以把這個圖解給他們看，讓他們知

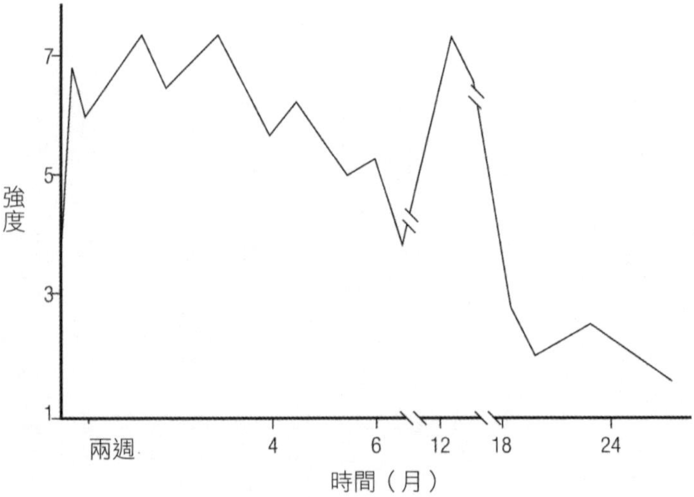

道，你現在的這種感覺是很正常的。

如果你想讓別人知道你現在需要的是什麼，你所不需要的是什麼，你不妨直接告訴他們。雖然，這並不表示他們會聽你的，但是，至少，他們可以試試看。問題是，你很可能需要「教育」他們有關這方面的事，讓他們知道，你必須全力以赴去處理你的哀慟，同時，也讓他們知道，你會希望接到他們的電話，知道他們關心你的情況，但是，如果你開始哭泣或者有突發的憤怒，希望他們不要因此洩氣或不高興。

也許，你可以預備一封信或一份說明，讓那些關心你的人不用太擔心你的情況，而且知道怎麼跟你應對。下面這封信是一個例子，你可以照自己的情況調整和更改。寫這樣一封信的目的是為了減輕你自己的痛苦，同時，也給關心你的人一條途徑，讓他們知道怎麼跟你互動。這兩年，我都在使用這種形式的信，因為，有幾次的大型特會我太太不能與我同行，我必須單獨出席，原因是，她罹患了惡性腦瘤。我知道在特會中，會有許多人問我她的病情，而我不想花很多時間一個一個跟他們解釋，所以，在特會之前，我就寫了一封詳細的信給那些朋友，我告訴他們發生了什麼，也告訴他們醫生對病情的判斷（還算客觀），並且，也告訴他們可以為她禱告什麼，怎麼直接跟她聯絡，等等。這樣一個預先說明不但幫了我一個大忙，也讓其他人輕鬆了許多。

親愛的朋友（家人，牧師，同工）：

最近，我面對了一份很大的哀慟。我仍在悲傷之中，也知道這可能要經過好幾個月，甚至幾年，才可能恢復過來。

我想讓你知道，我可能會哭泣或掉淚。我並不為我的眼淚道歉，因為這不是因為我軟弱或信心不夠，眼淚是上帝給我的禮物，讓我能夠抒發我內心的苦痛，另外，它也是我在復原之中的信號。

有時候，你可能會看到我顯得憤怒——坦白說，我自己也不知道自己會有什麼情緒波動。我只知道，因為這份哀慟，我的情緒可能會變得比較激烈。如果我使你感到不解，請你原諒，並給我多一點的耐心。如果我不斷地重複自己所說的話，也請你把它看成是正常的。

最重要的，我需要你的諒解和你的陪伴。你不需要知道你該對我說什麼，如果你不知道要說什麼，就什麼都不用說，因為你的陪伴或你的擁抱，就能讓我知道你對我的關心了。請不要等我跟你連絡，因為，有時候我感到非常地疲倦，而且會止不住自己的流淚。

如果你發現我畏縮起來，請阻止我。在未來的幾個月，我非常需要你的關懷。

請為我禱告，讓我能夠明瞭這事發生的背後意義，並且，幫助我去了解神的安慰和愛。知道你在為我禱告，對我會有非常大的幫助。

如果你也有過同樣的經驗，請和我分享。你是在幫助我，不會使我覺得更糟。如果在分享中我開始哭泣，請不要停止你的分享，沒關係的，而如果你也忍不住哭泣，那也沒有關係。

目前，我感到我所面對的，簡直是生命中最可怕的事了，但是，我會活下去的，而且終究會恢復過來。我緊緊地抓著這個信念，即使很多時候我感到彷彿抓不住了。我只知道，我不會永遠在這種情況中翻滾，總有一天，歡笑和喜樂會重新來到我的生命。

謝謝你關心我！謝謝你的聆聽和禱告。你的關懷安慰著我，這是一份我永遠感激在心的禮物。[25]

好好處理你的哀慟，面對它，經驗它，你會復原的。

療癒練習題

一、完成下列的陳述，以此回應你對每個命題的看法。你給的答案沒有對錯之分，這只是一個機會，讓你可以確認並分享你的感受與信仰。

- 對我來說，哀慟意謂著＿＿＿＿
- 我曾經歷過最劇烈的哀慟是＿＿＿＿
- 當我感受到哀慟時，我的感覺是＿＿＿＿
- 對我來說最劇烈的哀慟情緒是＿＿＿＿
- 哪些事件發生時，我並沒有完全表達出我的哀慟＿＿＿＿
- 我第一次感到劇烈哀慟是因為＿＿＿＿
- 當我感到哀慟時，對我最大的幫助是＿＿＿＿
- 對我來說，眼淚是＿＿＿＿
- 我的哀慟通常會持續＿＿＿＿

二、寫封信給親友，讓他們可以更妥善地回應你的哀慟，這樣對你會有幫助。或許你現在就可以開始寫，花幾天時間寫完。然後在下一次團體討論時，與其他人分享信的內容。

第四章

哀慟與復原的問題

有些人不願讓他們的哀慟離開，因為他們以為如果他們不再哀慟，他們所愛的人就要消失了。

有些人的復原過程會突然被打斷，我們稱之為「未得解決的哀慟」。造成這個問題的原因有很多，其中一些是重疊的，但在每一個個案中，你都會發現一個共通的問題，就是「否認」或「壓抑」，另外，這些人也會想抓住已經失去的人事物。

你可以說這些人好像「缺少哀慟」，因為，他們看來沒有沉痛或哀傷的樣子，彷彿什麼事都沒有發生。其實，他們是陷在很大的否認當中，他們常常只顯出非常輕微的悲傷。一個「淡化哀慟」的人是明明知道疼痛，但是努力把疼痛減輕，或者用他們的理智把哀慟沖淡。他們想要證明，他們所失去的對他們並沒有太大的影響。如果你觀察這些人，你會聽到他們常常在說他們已經恢復正常了。

在意識的層面裡，這些把哀慟很快略過的人好像符合了社會上「節哀」的勸告，但是，在內心，那些被抑制的哀慟其實是在加深而且發了炎，由於沒有適當的出口，最後將會導致情緒緊繃的不良狀態。

他們覺得哀慟是可以用思想程序來解決的，並不需要碰觸到情感。他們多半是智識型的人，認為套用一些思想上的術語就足夠了，不需要把裡面的情感表達出來。所以，對他們來說，任何哀慟的情感表達都是一種人身威脅，他們會全力以赴去阻止任何形式的痛苦從內心流露出來。

這並不表示，其他人的哀慟反應都是千篇一律的，例如，有些人是「本能型」的，他們的感受特別強烈，必須用大哭或哀嚎的方式去釋放。

另外有些人是「方法型」的，大部分男性傾向於這一類型，他們比較會去「思考」哀慟，而不是去「感覺」，所以在情緒上他們不會有什麼劇烈的表現。他們不大會哭或向別人求助，他們甚至不肯談這件事。相反的，他們會把注意力放在解決問題上面，這是他們用來控制自己和周遭環境的辦法。

至於其他人，多半是「本能型」和「方法型」的混合體，他們可能多一點本能，也可能多一點方法。[1]

不過，「淡化哀慟」的人是不會讓痛苦浮上檯面的，他們在情感上有一種阻塞，很可能是小時候某個巨大創傷造成的。

「抑制哀慟」的人會把正常的哀慟反應壓制下去，由於壓抑那些原本應釋放出來的情緒，他們可能產生生理上的問題，比如，胃痛，全身無力，頭痛等，都是常見的現象。這些人常常只讓自己去哀悼那些正面的東西，完全不去碰觸負面的情況。

「生理型的哀慟者」會把他們情感上的痛楚在肉體上顯現出來，他們所顯出的問題從輕微的不適到長期嚴重的併發症，在在都有，只是，通常醫生根本查不出他們的病因。

很不幸地，許多哀慟中的人會採取這種「生理型」的途徑，來滿足他們情緒上的需要。在扮演「病人」角色的時候，他們可以合法地接受他人的照顧，這就滿足了他們被人關懷的內在需要。這些人很害怕，如果他們把真正的哀慟表達出來，周圍的人會退縮，不再理會他們，那麼，他們就會感到完全被遺棄了。

有時候，哀慟的過程會耽擱一段時間才重新開始，對一些人來說是幾個月，對另外一些人可能是好幾年。這常是因為，在事發當時，當事人必須扛起太重的責任而無法處理自己的情緒，或者，他們在情感上完全無法面對他們的失去。然而，在這類的情況，他們可能會因為生活中的一些小問題，而讓擱置一邊的哀慟如雪崩一樣垮下來。

我們可以稱那些把哀慟往後拖延的人為「拖延者」，他們似乎以為，只要不去理會那個哀慟，哀慟就會自己默默地走掉。顯然地，他們錯了，因為，如果你不讓哀慟出來，它就會往心裡走，然後，用各種方法表現出來。「拖延」不是一個健康的途徑。

「拖延者」還有一種心態，他們希望即使哀慟賴著不走，也許過一段時間他們會有足夠的能力面對它。他們所不知道的是，在得到醫治之前，他們必須先把內心的情感表達出來。否則，它會在裡面不斷醞釀，直到快要爆炸，結果，他們反而更無力面對。拖延是種不幸的選擇。

作家及諮商師，羅伊．斐采德（Roy Fairchild），對「拖延者」的描述非常具有洞察力：

拒絕哀悼你所失去的，基本上就是拒絕和你所愛的人、地點、那些錯過的機會，或任何你被「拿走」的東西說再見（許多教徒會這樣看待失去）。然而，當我們拒絕接受這些生活中令人悲哀和失望的事件時，我們就等於把咒詛放在自己身上，並僵化自己，就像羅得的妻子，因為捨不得跟她的過去說再見，變成了一根鹽柱。真正的哀慟是把我們深處的悲傷哭出來，承認我們無法改變所發生的事。這是幫助我們釋放哀慟的前奏曲，因為，在復活之前，必有死亡。我們的哀慟顯示出一件事，就是，我們對於所失去的投資了許多的愛，失去他們，破碎了我們自己的一部分。2

有些人在哀慟的過程會產生互相衝突的情感，他們會誇大某些哀慟中的反應，壓抑另外一些應有的反應，然而在健康的哀慟中，這兩類感情應該一起呈現出來。這是因為，他們與失去之人的關係有某些問題，或者他們對那人太過依賴，也可能，他們對那人是又愛又恨。

另外一種不健康的哀慟方式是「替代」。「替代型」的人會把他們的哀慟從所失去的對象，轉移到其他的出口。例如，在他們應該表達哀慟時，會顧左右而言他，去埋怨其他問題，像是工作上的難處，或某些不順的人際問題。另外，他們常常會因一些雞毛蒜皮的小事而暴跳如雷。他們看來好像知道自己的情況，實際上，他們很可能根本沒有意識到自己的問題。

有些「替代型」的人會對生活中各方面都顯出怨怒，另外一些則把這些怨怒往裡面塞，充滿了自我惱恨，在癱瘓性的憂鬱症裡面掙扎。有時候，他們用忙碌的交際去取代哀慟，另外一些時候，他們又覺得世界上沒有人喜歡他們，因為，他們會把內在的自我惱恨投射到周圍的人身上，覺得大家都在惱恨他們。

「替代」的最終目的是把哀慟從真實的對象轉移到較不具威脅的人事物上頭，所以，對於「替代者」來說，他們與他人的關係常顯得緊張，因為他們否認哀慟者會有逃避痛苦的傾向。

「長期性」的哀慟者在開始的時候會正常地悲傷，但他們似乎停留在那個階段無法前進。他們似乎在用哀慟的方式保留住他們所失去的，這種情形特別會發生在失去至愛的親人時。

當家庭中失去了某個成員時，一種極大的危機發生了。本來，所有的家人都遵循著某個生活軌道，而每個人都有他特別的角色，這是維持一個家庭正常運作所必須的，家庭的單位給予每個家庭成員某種安全感和他們生存的意義，他們在那裡找到他們個人的認同，同時，也了解到他們自己的特性。

當家人中的一個過世之後，這個家出現了一個很大的空洞。原來的平衡感被破壞了，不但每個人的角色受到影響，每個人的自我認同也開始改變。家人的死亡會迫使每一個家庭成員去調整他在家中的角色，以及他和其他家人之間的關係。他們需要開始形成新的角色，給予彼此關愛，安慰和支持，這些都是非常重要的。

家庭中新的角色需要被重新塑造，但在這之前，每個人都需要有他們自己的時間和空間，用他們獨特的方法去面對他們的哀慟。在這期間，某人可能變得沉默寡言而孤立，於是，其他人必須把他帶回正軌。另一個人可能成了控制狂，因為他害怕會失去更多。新的角色會在每個人的摸索中漸漸形成，然後，一個新的家庭單位成型了，每個人又有了新的特殊功能和認同。[3]

最近，有關哀慟這方面的研究又加了另外一個分類，當所發生的事件來得太過突然，使得當事人措手不及，好像被火車碾碎一般，我們稱之為「突如其來的哀慟」。他們驚慌的程度使他們無法掌握到底發生了什麼事，也無法了解所發生的事是什麼性質，因為他們「認知事件的能力」遭到了破壞。

在蒂羅瑞絲．昆寧（Delores Kuenning）的一本書《幫助人們走過哀慟》（*Helping People through Grief*）中，她寫道：

> 突發的死亡具有極大的破壞力，因為活著的人沒有得到任何警告，也沒有機會去作任何心理準備。他們沒有時間說再見，而如果事先與死者有些衝突，也沒有機會道歉或獲得他們的

原諒，以致他們覺得，內心的愛永遠也無法表達了。「突如其來的哀慟」很像一首唱到一半的歌，懸在半空中，還在等著某人去把它唱完。[4]

在《哀慟，臨終和死亡》（*Grief, Dying, and Death*）一書中，泰瑞絲・藍多（Therese A. Rando）寫道：

當死亡是預料中的事，雖然，相關的人們承受著很大的情緒壓力，但至少，他們在心智上可以把方向轉向將要發生的事。於是，當所愛的人死亡時，他們心理有著某種準備。但是，當人們在完全沒有警告和準備的情況下，突然失去了所愛的人，他們就會陷入驚駭之中。在痛苦中，他們發現，原來悲劇可以在沒有任何跡象的情況下，來到他們的世界。這種「突發死亡」的經驗，使他們發展出長期性的緊張，害怕不好的事隨時都會發生在他們身上。這種安全感的喪失，被悲劇突然吞噬，以及無法認知所發生的事情，可以用來解釋為什麼那些突然喪親的人，會發展出嚴重的哀慟併發症。[5]

在《哀慟輔導與哀慟治療》（*Grief Counseling and Grief Therapy*）一書中，威廉・華頓

（William Worden）指出「突發死亡」帶來的哀慟，會有七種特徵：

1. 突發的死亡通常會給親屬一種不真實的感覺，這種感覺會在他們身上逗留很長的時間。
2. 突發的死亡會讓人產生強烈的內疚感，而不斷想著「要是……就好了」。
3. 面對突發的死亡，哀慟者會有強烈欲望想找到罪魁禍首。
4. 突發的死亡通常會牽涉到醫療或法律方面的人員。
5. 突發的死亡會給活著的人一種極端無助的感覺。
6. 突發的死亡會給活著的人許多懊悔的感覺，並且覺得跟死者之間有事情還沒有完成。
7. 在面對突發的死亡事件時，活著的人會有強烈的需要，想要知道這件事為什麼會發生，他們不只需要知道死亡的原因，還需要有一個可以怪罪的對象。有時候，當他們找不到這樣的對象，就會把一切怪到上帝身上，所以，你很可能聽到他們說：「我恨上帝！」[6]

當一個至親的人突然死亡，你們最後在一起的時間具有極大的意義。你會清楚地記得你們最後的談話，最後的觸摸和周圍的環境，那一切都鮮活地印在你心裡，彷彿有人按了播放器的按鈕，畫面就停留在你們最後的時光。你會在心裡放映那個情境，一次又一次。

如果你與那人最後的記憶是好的，那麼，你的哀慟過程會容易得多，因為美好的回憶會給你安慰。但是，並非每個人都有好的回憶。你可能希望在那人臨終時，你就在旁邊，但事情發生得太突然，你根本沒有機會。你可能希望在你們最後一次見面時，能夠說更多的話。或者，也許那時你們發生了一些衝突，結果你沒能在那人死前與他和好，這會留給你一種尚未了結的感覺。也許有人說：「明天我會打電話給她，把我們之間的問題解決。」但是，那個「明天」永遠不會來了。

有時候，這種不愉快的最後一幕會停留在一個人的心中不走，此時，你需要把那個記憶軟化，以免它刺傷你太深。怎樣可以軟化呢？你可以用電影剪接的方法，把那刺傷的畫面剪掉擱在旁邊，先追憶早些的快樂時刻，選擇一幕最能代表你們關係的回憶，讓那一幕成為你常常思想的畫面，因為，那才代表著你們正確的關係。[7]

「縮短的哀慟」可能會被人誤解成未得解決的哀慟。這是種正常的哀慟反應，只是時間很短暫。這種情況有很多原因：很可能這些人在哀慟之後，短期之內又被別的失去占據了，或者，那人對所失去的本來就沒有太多的感情，又或者，在久病的情況之下，許多哀慟可能在病人死去之前就已經處理過了。

有些人會用「找替身」的方式去避免哀慟，他們會把原來投注在死者身上的情感，快速地轉移到另外一個人身上。在大部分的情況中，這些人並不知道他們是在用這種方式去避免面對哀慟。

旁人可能以為，這人可以這麼快就和別人發展出新的關係，表示他可能對死者沒有太深的感情。但事實正好相反，這人的行動很可能是出於太愛死者，因為他無法也無力面對哀慟，於是就找了一個替身，以免被失去的痛苦吞沒。這種「找替身」的情況並不只表現在人的身上，他們也可能用工作作為替身，成為工作狂，或者把自己沉浸在某個嗜好，好忘記他們的痛苦。

「未得解決的哀慟」會以三種形態表現出來：第一，缺乏正常哀慟的反應；第二，產生某種反應但是無法繼續前進；第三，扭曲了的哀慟反應。

如果你有超過一個以上下面的症狀，而這種情形已維持了半年或一年以上，你就明顯有「未得解決的哀慟」。你所顯示的症狀越多，就表示你的問題越複雜和嚴重：

一、憂鬱的模式持續不斷，並且伴隨著罪惡感和自卑感。

二、過去若有拖延未處理的哀慟，表示此人原先就有面對哀慟的問題。

三、擁有多種的症狀，如罪惡感、自責、恐慌症、窒息感和恐懼。

四、由於過份認同死者，以致發展出與死者相似的病症。

五、在許多毫無目標和任意的行為中，馬不停蹄地尋找他們所失去的。

六、在特殊的日子，如死者的忌日、生日或節日來臨時，他們會重新陷入憂鬱，甚至會表現出與死者過世時同樣年齡的行為。當這些反應走向極端，就明顯表示，他們並未解決內心的哀慟。

七、在他們的感覺中，好像是昨天才失去，雖然那已經是幾個月或幾年前的事了。

八、在一段時期後，仍把死者的東西放置在原處，不願更動，也不願意把它們丟棄。

九、在死者離開之後，他們與那些原本很密切的人之間，關係有顯著的改變。

十、從他們本來習慣去參加的宗教性活動退出，也會特意避免去參加別人的追思禮拜。

十一、無法去談自己所失去的，如果談到就會情緒崩潰，尤其那件事才發生一年多。

十二、對於生命中有關失去的課題，會變得特別注意和關心。

十三、微小的事件會觸動極大的哀慟反應。

十四、對死亡和疾病產生極大的恐懼。

十五、不願意接觸那些有過哀慟，或在照顧病人的人。

十六、由於過份與死者認同，有一種衝動去模仿死者。8

為什麼有些人在處理哀慟方面似乎很平順，而另外一些人又特別困難？這當中是不是有些共同特徵可以歸納出呢？事實上，我們發現，那些有高度困難的人，的確有好些潛在的因素。雖然，在討論哀慟這個問題上，我們需要容許各種不同的反應類型，但是，現在讓我們把注意力放在那些難以面對哀慟的人身上。

造成這個問題的一個主要原因是，他無法承擔情感上的痛苦，所以拒絕去面對。另外一個原因是，這人非常需要繼續與所失去的人保持往來和互動，但是，可能因為離婚，也可能因為死亡，那人已經不存在於他的生活中了。

其他造成「未得解決的哀慟」的原因包括：

「罪惡感」會阻擋我們去面對哀慟。如果我們回想過去與那人的關係，我們可能因為自己的行為、感覺，或對那人的疏忽，而產生很大的罪惡感。而如果，我們對自己在人際關係上的要求很高，那麼，很可能一些不是很嚴重的問題都會觸發我們的罪惡感，結果，我們會堵塞我們的感覺，因為我們無法面對自己的罪惡感。

我們也可能在「倖存者的罪惡感」中掙扎，在「九一一事件」之後，我在紐約長島主持一個「哀慟復原討論會」，會中有個母親，她的兒子叫坎特，是費茲傑羅公司的職員，這間公司在九一一事件中失去了幾百個員工。在悲劇發生之前，坎特的兩個同事原本邀他星期二和星期三一起去釣魚，但是，坎特沒有接受，因為他星期一要參加公司辦的高爾夫球賽，他不想耽誤公事太久，於是決定星期二進辦公室上班。結果，他就在那個星期二喪生了，而那兩個同事因為休假去釣魚，所以還活著。試想，這個母親心裡有多少次在問：「假如當初他去釣魚……」。再說那兩個同事，因為他們跑去釣魚，結果奇妙地倖存了下來，而其他的同事都死了，他們兩人可能會因為「倖存者的罪惡感」，而有很大的困難去面對哀慟。

你是否聽過有人這麼說：「沒有她，我完全失去了方向，我覺得自己好像只有半個人，根本不知道怎麼活下去。」這顯出當事人對死去的人有很大的依賴性，導致他避免去處理哀慟，他不能面對現實，因為在現實裡，他也喪失了部分的自己。

另外有些人抵擋哀慟，因為那會觸動他們過去所沒有處理的失去，而過去的失去可能比現在的還難以忍受。結果，他們就活在一個不斷拖延哀慟的循環裡。

「超載」是另一個造成「未得解決的哀慟」的因素，在我們的生命中，有時候會在短期內失去好幾個所愛之人，我們無法承受這個打擊，因為失去的太龐大了，而如果一個人同時失去了好幾個家人或朋友，他等於也失去了某些可以在哀慟中幫助他的人。

有些人在經歷哀慟時，還沒有發展出他們的自我認同，他們在心理和情緒上都還不夠成熟，所以，當他們遇到嚴重的打擊時，會「退回」到比較幼稚的階段。

還有一些人不能面對哀慟是因為他們某些錯誤的信念，他們可能有一些根深蒂固的觀念，認為如果一個人失去了控制，是非常不體面的事，他們不願意在別人面前顯得軟弱。還有一些人是不願意讓他們的傷痛離開，因為他們有一種錯覺，以為如果他們不再傷痛，他們所愛的人就要離開了。

你知道在我們的社會裡，存在著某些阻擋我們哀慟的東西嗎？比如，有些我們所遭遇的失去，並不被周圍的人看作是失去。當我們失去了一隻寵物的時候，我們的朋友或親人並不覺得那是什麼大不了的事情，所以他們也不會想到來安慰我們。

若干年前，我的一個朋友不得不帶他十四歲的貓去獸醫那裡，讓牠永眠。他要求我陪他去，因為，那對他來說極其痛苦，所以，我的陪伴對他會有幫助。一九八九年，我和我妻子也必須帶我們年老的喜樂蒂牧羊犬去獸醫那裡，我們兩人都哭了。我們的朋友知道這對我們是非常痛苦的事，所以他們都特地表達他們的關心和問候，他們這份溫柔給了我們很大的幫助。但是，並不是每一個人在寵物死的時候都能得到這種支持。

墮胎不只對母親是一個重大的失去，對於父親和祖父母來說也是一樣沉重，誰會幫助他們處理哀慟呢？流產是一個孩子的死亡，性質就像一個十歲大的孩子死去一樣，但是，比較起來，遭遇流產的人通常並不會得到所需要的注意力，就像某些人說的：「不像一般的死亡，並沒有人大排長龍來給你送食物。」

另外一個重大的損失是失去了你的好朋友。當我們失去一個親密的朋友時，那份哀慟很可能和失去一個近親一樣強烈。《哀悼手冊》（*The Mourning Handbook*）的作者海倫·費茲傑羅（Helen Fitzgerald）這麼說：「如果你對失去某個朋友的哀慟比失去近親還要多，不需要覺得很奇怪。在我們的生活中，朋友有著非常特殊的地位，因為他們是你選擇出來的。當他們離開時，我們生活中本來有他們的部分變成真空了。」[9]

有些失去的情況令人抗拒，也無法接受，不論朋友、親戚或其他人都不想承認那件事，更別說去幫助當事人處理哀慟了，他們所掙扎的問題是：「在這種情況，我能說什麼呢？」

當以下這樣的問題發生時，你會如何反應，如果你有一位家族成員——

——死於過量服用古柯鹼。

——自殺。

——被殺害，因為他跟兇手的太太有婚外情。

——因為盜用公款而被關進監獄。

——因為販毒被捕，而他的父親是你教會的牧師。

厭惡之情和荒謬感會阻擋人們的哀慟，導致他們無法去幫助和安慰那些死者的家人。

有時候，人們處在孤立的環境下，周圍沒有任何人幫助他們。地理上的隔離和社會的變化，也會防止我們抒發正常的哀慟，這發生在卡崔娜颶風淹沒了紐奧良之後，許多家人和朋友都被遷居到全國各地不同的地區，大家因此失去了音訊，也無法互相安慰。

地理和文化上的距離也影響到一個父母都是宣教士的男孩，這男孩在美國唸書，有次他利用五天假期，準備去探望在偏遠地方宣教的父母，但是，他的爸爸在他出發的當天突然過世了。等他到達宣教地點時，那裡的家人已經處理過起初的驚惶，同時，因為宣教地點落後，沒有殯儀館的設備，所以他到達的時候，父親已經被埋葬了。就這樣，他完全錯過了見他父親最後一面的機會。

另外一個造成「未得解決的哀慟」的原因是，我們的社會在這方面完全沒有任何教導，因為，在大部分的社會和文化裡，都有一種對死亡和哀慟的抵制心理，由於這種態度非常普遍，就衍生出另外一套問題。

在許多家庭裡，當父親過世之後，孩子當中「比較堅強的一個」會站出來，扛起責任，擔當起整個家庭的大小事件。這個堅強的孩子，不管是男是女，也會被其他家人看作是他們力量和鼓勵的來源，問題是，這就無形地奪去了那堅強者處理自己哀慟的機會。

一般人常常對鰥夫有很不實際的期盼，尤其是對年輕的鰥夫，好像他們應該「要堅強」，「要像個男人」，人們覺得他們應該很有韌性，而且可以控制他們的感情，這種期盼會造成男性不能公開地表達他們的哀慟。但是，我們應該知道，不管是男是女都會經驗到隨著哀慟而來的震驚、憤怒、罪惡感、寂寞感和憂鬱，但是，當男人被社會的壓力強迫把一切往肚裡吞的時候，他們會經驗到無法忍受的痛苦，甚至產生內在暴怒。[10]

在傳統的影響之下，我們的社會還沒有真的去了解鰥夫的角色、他們的難處，以及他們的自我認同。不但如此，大家都沒有想到，鰥夫必須開始學習怎麼去為孩子買衣服，清洗家中衣物，採購食物，燒飯，打掃房子，而且還要安慰和支持他的孩子。寂寞感大概是許多鰥夫所經歷到的最大問題，而他們也會承認，因為這個緣故，他們好像都太早就再婚了。[11]

你有沒有想過，當人們缺乏具體的證據去確定他們的失去，他們將如何處理哀慟？你是否想過下面這些情況：你的車子突然不見了，或者，一個傳家之寶不翼而飛，還有，你的兒子在戰役裡失蹤，或者，你父親的小船在暴風雨之後在湖邊被發現，但是怎麼也找不到他的屍體？

也許，你曾經奇怪，為什麼人們要花那麼多年的時間去尋找在越戰中失蹤的軍人，如果找到屍骨，又要花那麼大的力氣去把它們從北越運回美國；或者，為什麼在船隻遇難和坍方之後，大家要花許多天的時間，努力尋找屍體。在九一一事件和卡崔娜颶風之後，家屬們所面對最大的問題是，他們無法找到那些明知遇難了的親人屍體。當我們不知道所失去的人到底發生了什麼狀況，或缺乏死亡的證據時，我們就像活在一個充滿了問號的世界，無法開始處理我們的哀慟，也無法了結我們對亡者的牽掛。[12]

當你發現自己「卡」在哀慟裡的時候，你能做什麼呢？也許以下的一些建議對你會有幫助，至少，你可以覺得自己還可以掌控某些東西，你可以看到自己嘗試處理問題。在第七章〈從失去的哀慟中恢復〉裡面，你還會看到另外一些可幫助你的步驟。

一、嘗試去辨認。在你的哀慟裡，哪些事情是你覺得沒有道理的，可能是個模糊的有關人生的問題，也或許和上帝在我們身上的旨意有關，它也可能是個比較狹義的問題：「為什麼這件事會在這個時候發生在我身上？」再問你自己一下：「最讓我感到不對勁的是什麼？」隨身帶個小筆記本，每當想到一些問題，就把它們寫下來。

二、每一天都試著描述你所感受到的情緒：悲傷，憤怒，悔不當初，受傷，或者罪惡感。

再想一下，這些情緒所針對的又是什麼？在過去幾天，這些情緒是漸漸在消失還是漸漸在增長？如果你所感受到的是模糊不清的情緒，把它們指明出來，並且給它們一個形容詞，會幫助你去面對它們。

三、當你採取行動幫助自己處理哀慟的時候，把那些行動，不論大小，一項一項地記下來。注意哪些行動對你是有幫助的，你也可以請你所信任的朋友或你的輔導員，幫助你認清那些行動和步驟。

四、在這段時間，你需要能聆聽你和支持你的人，好讓你分享內心的感覺，不要去找那種喜歡給人建議的人，而要找心靈成熟又有同理心的人。你要記住一點，每個人的哀慟過程都不一樣，都有它的獨特性，不要去尋找你和他人的相同點。

五、那些與你有類似哀慟的人，對你會有很大的幫助。有關這方面的團體和互助會很多。多去閱讀那些與你有類似哀慟的人所寫的書，你會得到很大的助益，你也可以在網路上找到許多這方面的組織。

六、回想在你生命中，當危機發生時，你的哪些特質曾經幫助過你？這些個人的特質中，是不是有些現在能夠幫助你？

七、閱讀聖經裡的詩篇。詩篇中記載了許多人間的哀慟和掙扎，但也記載了從神而來的憐惘所帶來的安慰和應許。

八、當你禱告的時候，跟上帝分享你所感受到的混淆、情緒和希望。即使你對上帝有著憤怒，與祂分享這些感受依舊是一種信心的行動。不要忘記參加主日的敬拜讚美，因為敬拜能穩定你的情緒，並幫助你復原。〔見麥可．卡德（Michael Card）的《聖潔的哀傷》（*A Sacred Sorrow*）〕

九、想一想兩年之後，你希望自己進展到什麼地步。把一些你的夢想和目標寫下來，光是定下這些目標，就能給你某種動力，幫助你漸漸恢復。

十、讓自己對哀慟的幾個不同階段有所了解，這樣，你就有心理預備，免得自己被所經驗到的情緒嚇到。

十一、要記得，光是在腦子裡知道哀慟是不夠的。你的知識不能代替你在情緒上的經驗。你需要對自己有耐心，允許你的情感漸漸趕上腦中的知識。要有心理準備，你會有很大的情緒波動，在你周圍看得到的地方，放一些有關哀慟的警語，它們可以提醒你，這些情緒上的波動都是正常的。

療癒練習題

一、你是否經歷過本章談到的哀慟類型？例如：淡化的哀慟、縮短的哀慟、拖延的哀慟、生理型的哀慟、替代型的哀慟等。

你認為是什麼原因造成這些哀慟？

這些哀慟的經驗對你的身體與情感造成何種影響？

在你哀慟復原的過程中，你是如何逐漸康復的？

二、你最近一次所失去的重要人事物是什麼？

三、在本書中第九十九至一百頁有一份清單，列舉了十六種因為「未得解決的哀慟」所造成的症狀。你目前的生活中，是否經驗到其中任何一項？

你現在可以做些什麼來幫助自己？

第五章

適應我們生命中的失去

哀慟過程中最艱難的，就是與你所失去的發展出一種新的關係。

在失去了我們所愛的人事物之後，除了感受到痛苦，我們還需要去做一個很大的適應，就是去習慣失去所愛之後，心裡出現的那個空空的大洞。不論你所失去的是一個夢想、一份工作、一位好友、一棟房子、一隻寵物，還是你的配偶，你生命的某個部分都被挖空了。這個真空的部分沒有任何東西可以填滿，但是，你必須學會與這個空洞共存，儘管那個洞本來是飽滿的，是你的喜樂所在。你所感受到的空洞有多大，跟你所失去的人事物對你的意義有多大，有很直接的關係。你現在面臨的挑戰是如何在缺少了它們之後，仍然能繼續活下去。

如果你失去的是某個人，你就需要學會沒有那份特別的關係也能活下去。那大概是你一輩子都不願接受的失去，因為你根本無法接受生活中沒有這個人。也許，那是你的一位老朋友，而他最近搬了家，你會需要適應沒有他的日子。你可能會拿起話筒想撥他的號碼，或者你會順著那條熟悉的小路走去他家，然後突然驚覺，他已經不在那裡了。你也可能是喪失了配偶的婦女，當你在床上翻身，會習慣地舉起手臂想抱住你的先生，但是，那殘酷的事實撞擊了你：他已經不在了。

當你失去了心愛的人，你得開始學習，在沒有他們與你互動並肯定你的情況下，如何繼續活下去。當那人從你的物質世界消失後，你的需要、希望、夢想、期待、感覺和思想都產生了變化。雖然你不斷地抗拒，但是經過一段時間後，那「隔離」的事實會漸漸沉入你的靈魂，你就會開始明白：「現在，他不再是我生活的一部分了。」

當我動手寫這本書的時候，我兒子馬太的死在我感覺裡仍然很鮮明。那是秋天，我們像往常一樣買了一顆大南瓜放在門口，但是，那一年，馬太不能再坐在上面讓我們替他照相了，他也不會再從療養院回來過感恩節和聖誕節了。當那些節日到來的時候，他的缺席扎著我們的心，但是，我們必須面對那份痛苦，並接受他已經不在的事實。

不管你所失去的是什麼，都代表了某種人生的變化。如果你的學業因為某個因素而中斷，這表示你的作息表、你對未來的希望、經濟情況、別人對你的期待，以及你對自己的想法，都會發生改變。對一些年長者而言，如果他們失去了寵物，可能會是一種難以平復的哀慟，因為寵物是他們生活中的主要伴侶和慰籍。當你失去了某個人，你會發現，要認清那人在你生活中的全部影響，是需要花一段時間的，那是一小步一小步的過程，不光是那人從你身邊具體地消失了，你對他的依靠有哪些方面，他過去對各種事物的意見又如何影響了你——所有這些，都是在重大的失去之後，令我們感到非常陌生，卻又必須個別處理的人生變化。

每一次你對那個「不在的人」做出習慣性的反應時，你就會再一次發現，「他不在了！」這是個殘酷的事實，而這種生活中的「提醒」會在不知不覺中頻頻敲打你的門。就算只是一份普通的工作關係，當你有某項工作過去都交託給某人，你會不自覺地吩咐他處理，然後才覺醒過來，「他已經離開公司了！」

每當你失去生命中一個重要人物的時候，你都得去擴展你的人生角色和生活功能，好去遮蓋那本來屬於那人的角色和功能。你開始學習如何補充你所失去的，你改變了過去的一些行為模式，增加了你肩頭的責任，或尋找另外一個人來承擔這些責任，同時，你也可能會停止過去的某些行動或習慣。當你開始這種「改變」的時候，你就是在幫助自己適應那個真空狀態，表示你已慢慢接受那人已經離開你的事實了。

對很多人來說，失去生命中一位重要的人物，意味著他們必須重新鑄造一個新的自我認同，因為，當那個人走了以後，你就不再是過去的自己了。就如某人說的：「那一部分的我已經成為歷史，我再也不能回到過去，我永遠地改變了。」你可以環顧你周圍的人，看看他們的生命歷史，當他們失去了生命中一位重要人物時，他們的生活是如何改變的。常常，人們會指出生命中的某件大事，然後說那就是他們人生的轉捩點。我的母親活到九十三歲，在她的人生中發生過兩件大事，她三十四歲的時候失去了第一任丈夫，到了六十一歲，她第二任丈夫（我的父親）也在車禍中喪生。我可以清楚地看到，在這兩件大事發生之後，她的生命都有重大的改變。當你的配偶過世之後，你就不再是一名丈夫或一名妻子了。

也許，哀慟過程中最艱難的部分是，與你所失去的人事物發展出一種新的關係。對於某些失去，這並沒有太大的困難，因為在短期間內，你情緒上的傷痛會逐漸消失，好比，你錯過了一個機會、一份工作、一場比賽，你失去了一隻寵物，或者你的車子被撞壞了，你的皮夾被扒走了……，這些也許不會在你心裡造成太大的痛苦，然而，有一些情況卻會造成很大的傷害，其中一種是離婚，比如一對育有子女的夫妻決定分開，但其中一方並不願意，而因為有小孩，兩人在未來許多年都必須維持某種關係，因此就會不斷從過去、現在到未來，持續經歷失去的痛苦。

重新開始你的生活牽涉到幾個階段，其中有些會讓你嚇一跳。很少有人能預期到他們在重大失去中所需要經過的階段，而且，很不幸的，有些人可能會去抵擋那些重要的階段，以致卡在他們的哀慟裡出不來。有時候，當人們經過了這些階段之後，他們能坐下來，從後視鏡看到他們所經歷到的那些重要階段。但是，如果他們事先就對哀慟的過程有些認識，是不是會比較容易渡過呢？雖然，事先理解並不會減少你所感受到的痛苦，但是，那些理解能給你一個方向感，讓你知道，你並沒有發瘋，你是走在一條對的道路上。當你面臨重大的失去，了解這些哀慟的階段，會有很大的幫助。

你必須與你所失去的人發展出某種新的關係，特別是在離婚，或者失去配偶或孩子的情況下。在這裡，為了討論這個課題，我們把死亡和離婚視同失去。

這包括如何讓你所失去的人，以健康和妥當的方式繼續活在你的記憶裡。重新塑造一個新的自我認同——這是在那人從你生活中消失之後，另外一個重要的階段。

當你走過這些重要階段，並漸漸接近哀慟尾聲的時候，你過去投注在那人身上的感情，將漸漸得到釋放，於是，你便能把那些感情重新投注在其他的人物、活動和新的希望中，使你的人生重新得到滿足。

但是，你要如何與所失去的人發展出新的關係呢？在離婚的情況下，法院的判決給了雙方清楚的指示，但是，當配偶或孩子死亡的時候，你怎麼能去發展任何新的關係呢？這時候，我們必須理解，死亡結束了一個人的生命，卻沒有結束那份人與人之間的關係。這種說法不是出於冷漠，也不是病態的想法，事實上，這是人類一種非常自然的情況，只是，有誰會公開討論這個課題呢？你是否聽過任何人說，這是正常的？大概從來沒有過。而且，如果你大膽地把這個問題拿出來討論，很多人可能會以為你在談「新世紀」（New Age）的思想！但是，如果有人告訴你，處理失去某人的正確方法是把那個人忘得一乾二淨，那麼，我可以肯定地告訴你，他們不知道他們在說什麼，而且，他們是在阻擋你經歷你的哀慟過程。

其實，當我們回想死者的為人、他們的成就，或他們對社會的貢獻時，我們常常都在「活化」有關他們的回憶，這並不是不正常的行為。我常聽到有人說：「如果他今天還活著，他會想要……。」或者，「要是他還活著，不知道是不是會對這件事大吃一驚？」人們很自然地會想到他們死去的配偶對某種情境的看法，而且，很可能在考慮如何處理事情的時候，把配偶可能的決定當作自己的選擇之一。

這些都是正常的。不正常的是，在那人去世了以後，你覺得你必須活在他的思想模式裡，而且照他過去的方式去處理一切的事情。在離婚的情況中，有時候，較弱的一方會繼續讓那獨裁的一方左右他或她現在的生活，這是非常不健康的，這等於繼續把感情投注於那離開的人身上。比如，當一個離了婚的男人說：「她會希望我把房子漆成這個顏色」，很明顯地，他們雖然已經離婚，但是他還是繼續把感情投注在前妻身上。

有時候，在生命中一個重要人物離開以後，我們對他們的記憶會變得扭曲。人們一般的自然反應是，當那人不在的時候，我們會變得只記得他的好處，而不去想他的壞處。但是，過了一段時間之後，我們應該讓事情的真相回來，我們應該讓那些記憶回歸寫實，不管是好的還是壞的，正面的還是反面的；不論是令我們開心的事，或是我們但願沒發生過的事，都應該讓它們誠實地進入我們的視野。如此，一種平衡的、真實的和正確的回憶漸漸形成了。隨之而來的，是我們開始覺悟到，那人真的走了。[1]

也許，在哀慟中的某個時期，你可以把你過去和那人的關係，用一張圖表畫出來（特別是

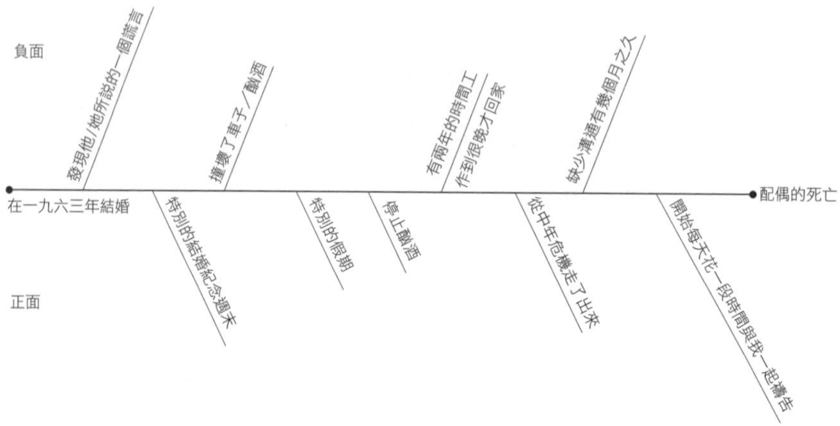

和死去或離異配偶的關係）。在這張圖表上，註明哪些是正面的關係，哪些是負面的關係。以上面這張圖表為例：

在圖表的下方，列出正面的事件和經歷。最好能列出五到十五個事件，用線條的長度來代表那件事對你的影響有多大。在圖表的上方，列出負面和那些攪擾你或傷害了你的事件，同樣地，用線條的長度來表示那件事對你的影響有多嚴重。

在你完成了這張圖表之後，你可能還會想起別的事件，把那些事件也加上去。接著，關於每一個事件，不管是正面的還是負面的，都用一段文字描述出來。

當你做這個圖表的時候，允許你的情緒浮現出來，其中有些可能是以「假如當初……就好了」或是「我真後悔……」的形式出現。花點時間把前述這些形式的經驗都寫下來，不管是正面還是負面的。你的單子看起來可能會像這個：

- 我的感覺實在很混雜，我真希望它們能明朗一點。
- 我永遠不會忘記我們在一起禱告的時光，那對我的意義太大了。
- 幸好我們在結婚週年的時候拍了一些相片，還有錄影。
- 酗酒的事傷我很深，真希望我們婚姻中沒發生這種事。
- 真對不起，我對你發了那麼大的脾氣。
- 你這麼早就走了，我很憤怒！覺得被你騙了。在你過世之前，我們的婚姻才剛好轉，我們應該要有更多的時間在一起。
- 我希望你還在世的時候，我們能對彼此多說些話，我有好多事情想告訴你。

這樣的敘述可能會觸動許許多多的念頭，好比：「多麼希望事情不是那樣發展！」「我希望我們之間的情況比實際上要好。」「真希望我們可以花多點時間在一起。」「如果當初……事情又會怎麼樣呢？」

這一類型的念頭反映出我們對自己和死者的苛責，如果我們一直逗留在這個苛責的階段，歪曲的記憶就可能會冒出來，而如果這類的情形不斷發生，哀慟的過程就會受到阻撓。

如果我們對自己太苛責，無形中，我們就抬高了死者的真實分量。也許，你聽過某些人談起過世的配偶，彷彿他是個聖人一般：

「唉，為什麼我以前沒能欣賞他的好處？他是那麼……。」

「我再也找不到像他那麼體貼的人了。」

「她真是個完美的妻子。」

當你思考那些「假如……就好了」的過去、你所後悔的事，以及那些你希望應該會更好或不一樣的情況，你是否發現了你們的關係中，過去未曾看到的東西呢？你是否也發現了你有哪些方面還沒有誠實面對和處理呢？

重新評估你們的關係，能幫助你脫離「否認」的僵局，以獲得你所需要的醫治。也許你會覺得這個過程太痛苦了，似乎也沒有必要，但是，為了能和所失去的人發展出一種「新的關係」，這是必要的關鍵過程。[2]

要你回想那人的死去或離開，你可能會懷疑：這是必要的嗎？這樣做正常嗎？答案是：兩者都是。重複回顧那段經歷，會幫助你徹底了解，你想要和那人如往日般過下去是不可能的了。不管是離婚還是死別，你這份渴望都是無法實現的。在死亡的情況裡，每一次你回顧他是如何死亡，以及那些相關的事件，你都會對整件事有更多的了解，而且，每次的回想都能讓你發掘出一些特別的意義。但是，由於這種回顧是很痛苦的，所以，你會本能地去抵擋。然而，你也會發現，每次你勇敢回顧的時候，你掌握情況的能力就會增加一些。[3]

有些人似乎從來沒能向他們所失去的說再見，他們懸在那些人事物上面，結果，讓那些失落的情緒左右著他們的生活，這些人很容易在心裡產生苦毒。在失去孩子的許多個案中，一些父母會珍藏所有孩子用過的東西，不讓孩子的房間作任何變動，為的是要存留那孩子還活著的感覺。這種情形可以維持幾年或甚至幾十年，問題是，這樣做只會拖延他們處理哀慟和得到痊癒的時間。

有些人的反應則完全相反，他們在事件發生之後，不管是一段戀情的結束、死亡事件、房子失火，或失去一個晉升的機會，都表現得像沒發生過一樣，因為他們無法面對失去或失敗的情況，以致把那段記憶刪掉了，然後好像沒事一樣繼續過日子。這兩種情況都是非常不健康的反應，也都需要某種平衡。

其實，我們可以用健康的方式來保存已失去的愛。當你喪失了你的父母、配偶、孩子或好友的時候，你不需要表現得好像他們從來沒有存在過，或者，把所有關於那人的記憶都刪除掉。不論是對你自己或對周圍的人，你都應該自然地讓那人的記憶繼續存留。因為，把那人從你生命中抹去不但很不實際，而且是明顯地「否認」事實。在健康的狀態裡，你會發現自己不論在思想行為或感情中，仍然受到那人的某種影響。但是，什麼樣的方式才算是健康地與死者建立新的關係呢？還有，你又怎麼樣才能健康地保留他的記憶呢？要回答這個問題，我得說一句聽來有點奇怪的話：你的第一步是要認清一個事實：他已經走了，而你還活著。當那人剛過世的時候，你可能真的不覺得自己還活著，那是很正常的，因為人們在初期的驚恐中，會感覺失去了那個人之後就活不下去了，也不願意活下去。但是，或早或晚，他們終究會到達一個境地，就是終能在感情上讓那人「離開」，並可開始對其他人投注他們以為已不再有的感情。

接下來的第二步是，你需要決定你們共同的生活方式，哪些應該留下，哪些應該捨去。這就意味著，你需要了解哪些對你是健康的，哪些是不健康的，然後作出對的選擇。想想類似下列的事，然後決定哪些是你應該保留的：

- 是否仍舊去那間你們常去的咖啡館吃早餐？
- 是否仍舊在黃昏時去你們一起散步的公園？
- 是否繼續把那個你們一起創作或一起購買的特別物品擺在客廳？
- 是否保持你們過去每天或每星期一起做的例行事務？

你是不是會刻意終止你們以前一起參加的活動呢？比如以前一起參加的夫妻聚餐，雖然，那些聚餐的朋友可能會對你說：「偶爾還是來吧！」然而，這對很多喪偶的人來說是非常痛苦的事。不過，我也看過有些人不論多麼不舒服，還是繼續參加。但大多數的人到後來仍漸漸停止了這類成雙成對的活動。

這裡有一些健康的方式供你運用，幫助你保存有關那人的回憶：

- 嘗試他們最喜歡的食物，參與他們做過的活動，以此經歷他們活著時所做過的事。
- 觀看家庭錄影或照片，聆聽他們喜歡的音樂，回想有關他們的故事，藉以懷念他們。
- 嘗試去了解，為何他們獨鍾某種嗜好或活動。

你也可以從別的地方尋找和保留關於那人的回憶。去他童年的學校走一走，到他以前工作的地方看一看，或到他的墳前坐一坐。在我父親過世多年之後，我去他緬因州的老家尋根，拜訪了一些親戚。那次的尋蹤不只帶回了許多有關他的回憶，也加深了我對父親的認識。與他人聊聊你過世的親人，懷念他的某些作為，或去經歷他做過的事，都是正常和健康的行為，因為，你今天的為人處事，有很多烙著那人的印記，他生前可能幫助你了解了許多事物，告訴過你一些真知灼見，他也可能教過你某些技巧，塑造了你的某種價值觀，示範過如何解決生活裡的一些問題，總之，他在你生命中留下了不可抹煞的痕跡。

有時候，你可能會被你自己的某種反應或處理事情的方法嚇一大跳，因為，你突然發現，自己的行為和那離開的人一模一樣。這種情形最常發生在失去父母多年之後，你會不覺驚呼：「天啊！這不就是我父親會有的反應嗎？」

在「得與失」的季節變換中，真正令人驚奇的是形成「新的自我認同」的階段。一個大學畢業生在過去四年安適地在校園裡讀書，畢業後，他踏入社會職場，不再能把自己看成是學生了，他必須扮演一個新的角色，擔當起新的責任，並接受別人對他的新期望，他的自我認同因此改變了。又例如一個國三學生，他在暑假後進入了高中。這時，他在國中的「老大」身分改變了，因為在高中，高一學生是「新生」。只隔了一個暑假，他原來熟悉的安全感就被剝奪了。

失去配偶的情況可能是所有「自我認同轉變」中最困難的，你的身分從過去的「我們」變成了「我」。你對周圍世界的看法完全不一樣了，而你的朋友也開始改變，雖然，你可能仍然保留了某些友誼，但是，你必須去適應其中的變化。過去，你與你的配偶是「一對」，而你們的朋友也差不多都是成雙成對，但現在你是一個人了，你和那些成雙成對的朋友在一起的時間會越來越少。在你發展新的自我的那段期間，你需要新朋友，也需要舊朋友，有些東西你可以與前者分享，但有些東西你只能與後者分享。

無論你所失去的是什麼，與那些「過來人」在一起對你會有很大的幫助，因為他們已經走過了你現在正在走的路，所以，能夠幫助你塑造新的自我。

現今有許多教會發展出有關「失去」的互助團體，甚至有間教會還成立了幫助失明者和將要失明者的互助團體；另外還有一間教會，針對目前的經濟不景氣，特別設立了專門團體，協助失業和正在找工作的人。另外有些家有障礙孩子的父母，也成立了有關身障兒、離家出走或吸毒孩子的父母團體，好幫助目前在這些問題裡掙扎的父母。新的自我認同意味著你需要學習新的人生角色，每當我們的角色轉變時，我們就需要認清新舊角色的不同，並面對已改變的事實，同時，健康地去哀悼那失去的角色。[4]

就如前面所說的，「恢復」是把你的感情重新投入在新的人事物上面，當你做了這種健康的轉變時，你會重新得到滿足感和成就感。你所失去的人事物再也不能給你那種感覺了，你與那個人事物的關係已經不復存在。不過，我要清楚地說明，我並不是在說一物替一物，新的貓咪無法替代舊的那一隻，新的小狗也不能代替原來那條老狗，而一個新的人物更是不能替代以前的那一位。找尋替代者是不健康的反應，你不是在找替代，而是重新把內在的感情投注在新的希望之上，不論那是一間新的公司、新的事工、新的事業、新的希望，或是新的人際關係。

在失去一個重要人物的哀慟期間，你還需要做一個很大的調整，就是處理亡者的遺物。這些遺物可能包括他的工具、玩具、衣物、書籍及其他物品。我建議用最簡單的方法，就是把它們分門別類堆放。使用這個方法的原因有兩個：一是，你可以開始處理那些東西，免得感到好像要被它們吞噬了；二是，這能幫助你最後把真正想要保存的東西留下。另外，當你開始這項工作時，最好找某個家人或好友陪伴你，一起把所有的東西分成三堆：一堆是你絕對要留下來的，另一堆是你確定要丟掉的，至於第三堆，則是你現在無法決定要不要留下來的。然後把第三堆暫時放在紙箱裡，等到你覺得比較能夠作決定的時候，再把它們拿出來分類。

這不是一件簡單的工作，會讓你感到很心痛，但是，我們的生活必須繼續下去，必須發展出不一樣的新生活。這個新生活會如何，就看我們是如何面對與處理我們的哀慟了。

療癒練習題

一、關於你最近的「失去」，你應該如何重建自我認同？

二、參考本書第一百一十八頁所提供的圖表，畫出你自己的正面與負面經驗和事件。

三、接續第二題，在你畫好自己的圖表後，為每一個事件寫下一段文字，並找到在你心中仍存有的後悔與「早知如此」。

四、請指出一些你面對失去時，所用的健康方法。

第六章

說再見

「說再見」並不是無情、病態或歇斯底里的表現，它是幫助我們走進下一個人生季節的健康方式。

退休派對是很尋常的一件事，在那個場合，退休者是大家尊榮的主客，因為他在他的工作崗位服務了許多年，而這個聚會的目的就是讓大家有機會跟他說再見。

許多年來，我們辦公室有好幾個同事離職，每一次，我們都有歡送他們的午餐聚會。這不只讓留下來的同事可以謝謝他們過去的付出，同時，也可以正式跟他們告別並祝福他們的未來。因為，以後我們不大會再看到他們了。於是，這樣的午餐聚會成了幫助我們接受這個事實的機會。不只是同事退休，當我們的朋友必須搬家，或親戚來訪後得離開，我們都會在那需要說再見的時刻，感到某種不捨。事實上，當我們面臨人生每一個失去的時候，都需要有這樣的認知，了解到生活中的某個連結斷掉了，未來的生活將會改變。

當面臨死亡，喪禮是人們向死者告別的儀式，讓那些哀悼的人有機會跟死者說再見。我第一次參加喪禮是在二十二歲的時候，我父親那年死於車禍，我還記得很清楚，他一位好友走到靈柩旁停住，把手放在上面，對他說：「哈瑞，再見了！」這是一般人的告別方式。如果我們要從哀慟中恢復，第一件要做的事就是向我們所失去的說「再見！」

有時候，死者的家屬在喪禮之後會有揮不去的悲哀，因為，他們覺得喪禮中的一些情形使他們失望和難過。導致這類型悲哀的原因可能與下列情況有關：

- 他們沒有從親戚或死者所認識的人那裡收到預期的慰問卡或口頭的關心。
- 墓碑耽擱了很久都沒有立在墓地上。
- 主持喪禮的人似乎因為對死者了解很少，因此沒有充分發揮追思禮拜的意義。
- 來參加喪禮或追思禮拜的人數很少。
- 為追思禮拜所印的程序單沒有記載死者的生日和忌日。

在其他分離的情況中，也可能發生類似的問題，導致當事人無法處理他們情感上的變化，以致耽擱了復原的過程，比如：

- 某人的退休或離職並沒有被人看重。
- 寵物走失或被人拐走，主人無法說再見。
- 周圍的人沒有把某人的死亡當一回事，甚至可能故意忽略所發生的悲劇，使得哀慟者無法適當處理他們的感情。

當我們能夠說再見的時候，我們才能與所失去的對象有所了斷，然後才能面對和適應未來的變化。[1]

當你說再見的時候，你不只是在腦中和心裡認知到，你未來的生活不再擁有你所失去的了，不管那是一份工作、一個人、一個夢想，或是你身上的某個肢體。你永遠都有一份記憶，但是現在你「告知」自己，他／她／它不再是你生命中的一部分了。

在處理哀慟的過程中，對某些人有幫助的途徑，並不一定對其他人有意義。比如，有些父母在胎兒流產之後，仍然能夠回復到原來的生活，也不覺得他們需要說再見。但是另外一些父母則需要有個具體的追思禮拜，才能幫助他們前進。同時，不少過去曾墮胎的婦女，也會以悼念儀式幫助她們「告知」自己，她們的一個孩子死了。

在凱倫·布朗絲丁（Karen Brownstein）的《腦激盪》（*Brainstorm*）一書裡，她描寫了自己如何經歷腦部手術的折磨。當醫生的助理需要在探知手術前把她的頭髮剃掉，她站在浴室的鏡子前面，撫摸著自己的長髮，跟它說「再見」。後來，醫生發現那是個無法動手術的惡性腦瘤，所以她必須接受放射性治療，而那會導致所有的頭髮都掉光，但她說，當她看到自己光頭的樣子，並沒有原來想得那麼可怕，主要是因為，在最開始的時候，她曾經跟自己的頭髮說了再見。

如果你知道自己會失去什麼，而且知道如何面對，當事情真的發生的時候，你就比較能處理。你大概聽過有些沒有做心理準備的人說：「他就這樣走了！我連跟他說再見的機會都沒有！」

如果我們能在失去發生之前預先說再見，將有助我們度過哀慟。我還記得，當醫生告訴我們，我們的兒子馬太可能只剩一個鐘頭的時間，我們在他的病床前跟他說了再見，雖然，我們同時也在絕望中掙扎，想阻止他死去，想要延續他的心跳，想讓他的肺吸入更多的氧氣……但是，我們什麼都做不了，除了看著他漸漸離開。然而，我們總算說了再見，雖然在那之後，我們還說了許多次的再見，因為，每次我們在家裡發現他的東西，或想到他的時候，我們都會再說一次：「再見，馬太。」

我曾經在談話中發現，有些人會回到他們以前工作的建築物去說再見。某些人的告別裡充滿著美好的回憶，但是，也有一些人充滿了工作期間累積下來的挫折感和憤怒。

我有個朋友要從美國西岸搬到西北部的明尼蘇達州，他有點擔心這個大搬家會對他三個年幼的女兒產生負面影響，於是，在搬家那天，他和他的太太帶著三個女兒走到每一個房間，分享了他們在那個房間裡最寶貴的回憶，然後，他們對那個房間說再見；他們也到後院裡去，回想他們在那裡共渡的美好時光，然後才離開。由於有了這樣的告別，他們一家人就可以憧憬他們的新家和新環境，而不會頻頻回顧過去了。

這對你是不是一個嶄新的想法呢?在人生旅途中,你有沒有對什麼特別的人事物說過再見?現在,你是不是想到有什麼東西是你需要說再見的?不管那是多久以前的事,現在說那聲再見都還不晚。

許多年以前,我曾經輔導過一個年輕人,當時他的一個兄弟已過世多年,但他一直沒有去過他的墳墓,這份哀慟顯然是他內心許多問題的癥結之一。終於有一天,他去了墓園,並且在那裡逗留了好幾個鐘頭,在那裡,他對死去的兄弟說了再見,總算撫平了那份傷痛。

有時候,我們會不知不覺去做一些事,表面上看不出跡象,實際上卻是我們在對所失去的某些東西說再見。我和我太太年輕的時候,夏天會到一個國家公園附近的營地,渡過兩三星期的假期,當時,那個營地由一對和藹可親的老夫婦管理。說真的,那營地其實只比美國拓荒時代稍微進步一些,因為除了有電源以外,其他都很原始,每天,我們都必須自行到一條小溪去提水,那也是大麋鹿常常去飲水的溪流,然而,在那與世隔離的營地,我們曾與一些親朋好友渡過許多美好的時光。

若干年前,那個營地被國家公園買下了,為了「保持自然」,原來的營地被關閉,而那些簡單的小木屋也沒人管理了。幾年前,我和喬伊絲曾經回去看過,雖然杳無人煙,我們仍舊緬懷著過去美好的時光。最近,我們和一些朋友正好開車經過那裡,就帶他們去看看那個地點,但這一次，連小木屋也不見了，彷彿那裡從來沒有營地一樣。在我們開著車子離開時，我們知道，我們再也不會回來了。坦白說，也沒有這個必要了，因為，我們已經保留了美好的回憶，而且，我們也說了再見。

「寫信」是另外一種說再見的方法，如果你知道世界上有多少信是在說再見，你大概會大吃一驚。寫信不只是說再見的一種方式，也是表達複雜感情和哀慟的好途徑，這樣的信可能包含了許多憤怒，但也可能充滿了喜樂和哀傷。

某人知道他一位朋友得了末期癌症的時候，他寫信告訴他，他是多麼地感謝有他這樣一位朋友。

另外也有人寫信給兒時的小學老師，她告訴這位老師，原本她很希望她也能教她的孩子，但是卻得知老師要退休了，所以寫了那封感謝的信。

還有個戒了毒的人，他用寫信的方式對毒品說，它們曾經在他生命裡造成了多大的麻煩，然後，他對毒品說了「再見」。

很多得過乳癌的婦女在作切除手術之前或之後，都曾經寫過告別信給那被切除的乳房，這個告別幫助了許多婦女去面對她們的哀慟。乳房切除手術對婦女來說是非常巨大的創傷，這種失去常常會造成長期的情緒低落和憂鬱。

多年來，不知道有多少人寫信給亡故的朋友、配偶、孩子、父母、兄弟姐妹，或其他生命中的重要人物。[2]寫信，能幫助我們去接受所愛之人已經走了的事實。

除了前面所說悲哀的一面，其實，「告別信」也可以用在人生重大的過渡期。我常鼓勵做父母的，在他們的兒女快要結婚時，寫一封信給兒女的結婚對象，也就是他們未來的媳婦或女婿；同時，也寫一封信給即將結婚的兒子或女兒，告別那在他們羽翼之下長大的小孩身分。當我們的女兒雪柔快要結婚時，我們寫了一封信給她，但我們寄到她和未來的夫婿比爾的「婚前輔導」那裡。收信人寫的是「即將結婚的女兒」。

在信裡，我們讓她知道，我們是多麼感謝有她這個女兒，同時也鼓勵她邁向未來的日子，並且跟那「待嫁女兒的身分」說再見。不過，她的婚前輔導並沒讓她打開那封信，他要她帶回我的家，讓我自己讀給她聽，我也照他的意思做了。

婚禮當天，當雪柔和比爾從禮壇上走下來的時候，他們也遞給我們夫妻和比爾的父母各一封信，信中感謝我們對他們的養育之恩。我稱這樣的信為「過渡期的告別信」，它能幫助我們走上新的里程，並有著不可抹煞的意義。

這類形式的「說再見」並不是無情、病態、歇斯底里或失去控制的表現，它是幫助我們走向下一個人生季節的健康方法。

你該用什麼方式說再見呢？首先，你需要考慮，在這個告別裡你最想表達的是什麼，又想用哪些話語來表達？怎麼樣才能表達你對那人的感謝或遺憾，或者，要如何才能完成你們之間尚未完成的事？

然後，你可以坐下來寫那封信，或者，你也可以直接對那人說出來。如果你寫信的對象已經過世，用你過去稱呼他的名字，好像他還活著一樣。

你可以寫一封告別信給你失去的夢想、落空的希望、沒有成功的事業，或是你過去的職業生涯。有位離婚的女性寫了一封信給她過去的婚姻，彷彿那是一個人一樣。你在信中應該聲明，這是一封告別的信，然後把你想講的話都講出來。如果你心裡有許多的懊悔和「假如當初……」，那麼，寫這樣一封信就更重要了，因為這能讓你把那些從未能表達的情緒釋放出去。

在你寫完信之後，先把它擱一天，然後再拿出來大聲朗讀，或念給某個可信賴的朋友聽。

有一次，在我主持的「危機輔導和哀慟復原會」裡，有位女士把她寫給亡母的信給我看，她整整寫了十五個月，共十七封信。

下面是她寫的第一封，再下面是最後一封。前者是在她母親過世後一個月寫的，後者是在十五個月之後寫的。

一九八八年一月

親愛的媽媽：

過去，我用這個稱呼寫信給你不下幾百次了。當然，現在我不能再寄信給你，也不能打電話給你了。我曾經試著跟你用講話的方式，但是，雖然旁邊沒有人，我還是覺得很奇怪，所以，我想，我還是用寫信的方式好了，就像你還活著一樣。此刻，要是說到你的生命，是有點怪怪的，因為，你的生命，我所知道的你的一生，已經結束了，事實上，在最後的那幾個星期裡，我等於是看著你一寸一寸地離開你的身體。那真的是痛苦的煎熬，雖然你已經非常虛弱，但是，我還是可以感覺到你內心充滿了生命力。

在你進入昏迷的那一天，我回家前從你的衣櫃裡拿了一樣東西。當我站在那裡，面對著你那些熟悉的衣服，我注意到那件許多年前的聖誕節，外婆替你做的藍色法蘭絨晨袍。不知道為什麼，我把它拿下來，塞進了自己的手提包裡。我知道，這一次，你再也不會穿它了，但是，我又覺得好像在做不應該做的事。晨袍上散發著你的香味，我摟著它睡著了。第二天早上，荷莉打電話來，告訴我你走了。我衝回臥房找你的晨袍，但是，你的香味卻不見了！我放聲大哭，為了那消失了的香味，更甚於電話上你已經過世的消息。

一九八九年四月

親愛的媽媽：

好久沒有在這個小本子裡寫信給你了，今天是個美麗的四月天——藍色明亮的晴空，微風徐徐，野花開得到處都是。早上，我去了花房，買了一大堆的花要回來種。在路上，我看到旁邊的車子裡，有個年輕女人正在駕駛座上放聲哭泣，她臉上的表情充滿了無名的痛楚，和周圍和煦並充滿希望的氣氛是那麼地不相襯。

當我正在猜想，是什麼事情讓她那樣傷心的時候，我突然發現，自從你走了之後，那一層又一層包圍著我的哀慟，居然通通都不見了！

相反地，我發現自己心裡充滿了春天的喜樂和希望，過去那份壓得我透不過氣來的哀愁，現在居然變成了……一個珍貴的寶藏盒。我可以把它打開來，沉思裡面的東西，然後小心地把它再收藏起來。每天，當我在忙碌中經過你的照片時，我甚至可以微笑著停下來，然後繼續自己的日常生活。我感到生活裡充滿了各種的可能性和挑戰，它們全都讓我躍躍欲試，我真的無法想像自己有這麼大的變化！還有，媽媽，在所有這些希望和興奮之中，我可以感覺到上帝的同在，我可以感受到喜樂。

全心地愛你，直到我們再見的那一天。

珍

除了口頭說再見或是寫告別信，說再見的方法還有許多種，有人用已故之人的名義捐錢給某間教會或慈善機關，也有人以死者的名義設立基金或獎學金，或者，捐出一幅畫，種植一座花床或一棵樹，也有人捐款給醫院的臨終病房，讓死者的名字刻在紀念碑之上。還有，像南加州有個很大的基督教特會地點，可以讓人們在草地上獻一棵樹，紀念他們所愛的人。

你是否跟上帝分享過，你是多麼想念你所失去的呢？你是否也告訴過祂，你想怎麼說再見呢？

君恩在離婚之後接受了許多年的輔導。起初五年，她無法承認自己是離過婚的女人，因此，她也無法處理她的哀慟。後來，她慢慢學會了面對自己的感情之後，她發現否認離婚的後果是，她仍舊讓她的前夫控制著她。最後，她寫了一封記載了許多細節的告別信給他，告訴他，她現在承認也接受了他們的離婚，他可以去做任何他想要做的事了。現在，她得到了她的自由，也要重新開創她自己的生活了，而她也真的那麼做了。

在安・凱澤・史登那本好書《回到老家》（*Coming Back*）裡，她說到她外婆的死，也說到了她如何跟她說再見：

在外婆過世的時候，我回到了我的出生地，奧克拉荷馬州的一個鄉鎮：湯瑪斯。當我開著車要駛入鎮上的時候，迎面而來的是那個我再熟悉不過的路口大看板，就在那高聳的穀倉旁邊，看板上寫著：「一千兩百個友善的鎮民歡迎你來到湯瑪斯」。

這個鎮和我多年前離開時沒有兩樣，只是，那間老電影院和溜冰場關掉了，而鎮中心主街上的購物商圈裡，多了一間圖書館。那些農人還是穿著他們連身的工作服，然而他們的寬邊帽不見了，取而代之的是縫著農具商店標識的棒球帽。沿著街道停著許多小卡車，偶爾，你會看到一兩部轎車，仍舊是斜著停車。人們依然十分和善、毫無戒心，如果你在商店買東西，你可以用他們放在櫃檯旁邊的兩家當地銀行的提款單；在那些店裡，你總會碰到一兩個認識你的人或你的親戚，他們可以替你作證，所以也不需要別的證件去驗證你是誰。

在那裡，仍然有人記得小時候我來看外公外婆的情景，他們也記得我媽媽年輕的時候，把她美麗的黑髮編成長長的粗辮子，也還記得我爸爸當時是個大學生。從他們身上，我看到他們所剩的年歲不多了，然後，我感到一種悲哀，因為知道他們走了以後，許多美好的回憶也將跟著消失。

我在當地找了一間旅館下榻，然後，開著我的租車到殯儀館去。這次，我老遠來到這裡的目的，除了追憶深愛的外婆，也想在那些打著西部牛仔領帶，穿著黑靴子的殯儀館服務員埋葬外婆之前，向那個即將消逝的年代告別。

雖然我是家人中住得最遠的，但是，我卻是第一個到達殯儀館的人，這點讓我很高興，因為，我希望有一段單獨的時間跟外婆在一起。

當我走進觀禮的房間，看到了粉紅色的棺木，我忍不住微笑了起來。是的，她會喜歡這個顏色的，不知道是哪個家人替她決定了這個顏色。那人顯然了解外婆的喜好，這讓我感到欣慰。我慢慢關上門，知道自己需要幾個鐘頭和外婆獨處。當我看到我在密西根和馬里蘭州的朋友寄來的鮮花和卡片陳列在那裡時，我的情緒穩定了下來。

我走近棺木，對躺在裡面的外婆說：「外婆！我一直都愛你，也會永遠愛你。」我用我曬成古銅色的手指撫摸她的臉頰、太陽穴和額頭，然後，我輕輕拍了拍那雙蓋滿了老人斑和皺紋的手，是我所熟悉的。最後，我把我的右手放在她戴了五十五年寬邊結婚金戒的手上，她活到將近九十歲，看著她生前患有關節炎的手指，我突然覺悟到一點，我從來沒聽她埋怨過那扭曲了她手指的關節炎。

「我多麼高興你現在不再受苦了，」我說，開始忍不住哭泣：「這幾年，看到你被關在這孱弱的軀體裡，記不得我們是誰，也不能控制大小便，活得那麼可憐，心裡真不知道有多麼痛苦。」

我的外婆只念到初二，但是她讀了所有的經典名著，而且她寫信的時候，總是喜歡用拉丁文簽自己的名字。她也曾經在小鎮的農業雜誌上發表過短篇故事和詩作。她六十九歲那年，跟我住在一起，還到大學修課。她七十五歲的時候，跟我一起在歐洲住了一年，到處旅行。她最後那幾年是在這裡的養老院渡過的，每次我去探訪她，都會告訴那裡的年輕工作人員，外婆以前是個聰慧可親又幽默，見多識廣又有尊嚴的女性。至於那些年長的工作人員，他們對她有另一種認識，因為，在外婆八十四歲時，她身體仍舊非常健康，心智也沒有問題，所以，她常常到那個養老院，照她的說法，是去「探訪老人」。

我很感謝外婆，在她記憶力還沒出問題以前，她總會在聖誕節和我的生日時，寄給我一張二十五元的支票作禮物。有一回，她出錢幫助我去中東暑修，還送給妹妹一架鋼琴，之後，她又寄了同樣數目的錢給其他孫兒，以示公平。

想到她在每封信裡都夾了一塊錢的支票，總會讓我發笑，也讓我流淚。她總是在支票上寫下「零嘴」或「冰淇淋」這些字，甚至當我已經三十四歲而且已經在大學教書了，我還是會收到她的一元支票。每當我拿著外婆的支票去學校銀行兌換現金，行員都覺得好笑極了，怎麼這麼大了還拿著外婆給的一塊錢買冰淇淋，但是，那是我的最愛。

在觀禮室呆了幾個鐘頭之後，我對外婆說：「待會兒見，外婆，我去吃個漢堡。」我想要最後一次，對她說以前常說的話。

我來到鎮上的速食餐廳，這對我來說是一個神聖的地點，我看著那些牛仔從他們載滿了草料的卡車上進來買了東西又出去，回憶著過去坐在外婆紅色的福特車，到這裡來吃東西和吃冰淇淋的日子。從店裡望出去是一座公園，我們一家曾在那裡野餐並且享受夏季甜美的西瓜。在餐廳吃完了漢堡以後，我漫步到花店，為外婆買了一束我最愛的長莖紫菀花。走在街上，我也碰到了一些認識我的人，我接受了他們的安慰和致哀。為了追憶過去的美好時光，我又走進了一間老藥房，我在櫃檯買了杯奶昔，到現在，他們都還是把奶昔裝在圓筒狀的不鏽鋼杯子裡。過去，我不知道和外婆在這裡喝了幾百杯奶昔了，現在，我要再喝一次，伴著眼淚，紀念我心愛的外婆。

我開車到了外公外婆以前的麥田，在那裡沉思了一會兒，還記得有一次龍捲風把整間穀倉都捲走了。之後，我在墓園裡停留了一下，他們已經把安葬外婆的墓地挖好了。外公外婆兩人的墓碑在二十年前外公過世時就已經樹立起來，曾經有好多次，我和外婆帶了鮮花來這裡，放在外公的墓前。離開了墓園之後，我把車子開回鎮上，順便沿著他們住過的那條街，回憶我在這裡渡過的所有時光。

我決意要讓我心愛而又獨特的外婆在喪禮上得到她應有的尊榮，所以，回到旅館之後，我動手寫了一篇追悼文，之後，又為鎮上的報紙《湯瑪斯週報》寫了一篇長一點的文章紀念她。在喪禮之前，我也給了牧師一份，因為，我認為，既然他將要主持外婆的追思禮拜，他就應該知道外婆活著時是怎樣的一個人，為什麼我們都這麼愛她。

我還告訴那位牧師，我們的外婆曾經坐著篷車穿越了達科達和內不拉斯加兩個州。外婆是孤兒，很年輕就嫁給了外公，他們在奧克拉荷馬成為美國的一州之後不久，在那裡奠定了他們的家業。我向牧師強調，在這個告別儀式上，她實在應該被尊為一位拓荒時代的女性。

我仍然記得外婆所說的那些迷人的故事，那些有關二十世紀初的事情，那些拓荒時代的故事充滿了傳奇的色彩，甚至在我二十幾歲的時候，我還常常像小孩一樣，拿一顆枕頭放在外婆的大腿上，趴在上面，她會把她那起了皺紋的手放在我的肩膀，答應我的要求，「再說一次」她年輕時代的那些古老故事。

現在，我手上拿著花束，到了養老院，我要謝謝那些照顧過我外婆的工作人員，我詢問了他們有關外婆離世之前所發生的事，我也告訴他們，為什麼我們都這麼愛她，然後，我懷著哀傷收拾了她的遺物。在我挖掘出的事情中，有一件特別鼓勵我：雖然，外婆在阿茲海默症晚期的狀況令人感到可憐，缺乏尊嚴，但是，仍然有一小部分的她一直持續到最後，據一位護士說，雖然她早就不記得任何人或他們的名字，但是，在她過世的前兩天，她聽到外婆在床上輕聲唱著一首歌，而她清楚地聽了出來，她在唱《上帝祝福美國》。

在外婆的遺物中，我發現了幾封未完成的信，那是在她還有部分記憶的時候準備開始寫的，只是，她的腦力已經無法讓她把信完成。這些信對我來說太寶貴了，特別是，我在每個信封上都發現她註明了「博士」的頭銜，這表示，雖然她已經失去了完整的記憶，但是，畢竟在她心裡，她知道我已經完成了多年的學業目標，而這目標也是她以財力和心力支持我而完成的。

那兩天我花在奧克拉荷馬州湯瑪斯小鎮對外婆的悼念，是一份充滿甜蜜的告別回憶。許多年之後，我的心仍舊會回到我撫摸她佈滿了皺紋的手，並且告訴她我是如何愛她，我也記得面對著麥田的沉思，還有開車駛過她曾居住的房子、藥房、速食餐廳、殯儀館，和其他點點滴滴，所有這些，都幫助了我在想到外婆的時候，漸漸地有了平安。

在外婆走了四年以後，有一次，母親和我在旅行中決定從高速公路下來，繞道去湯瑪斯小鎮的墓園看一看。到了墓園的時候，在靠近外公外婆墳墓的石子路上，我把車子對著他們的墓地停著，母親和我在車裡坐了好一會兒，沉默地握著手。終於，我們走出了車子，談了一些有關外婆的事，還有生與死的問題，接著我們走到了那大理石的墓碑，我們清理了累積的灰塵和那些褪色了的塑膠花。就在我們兩個緩緩走回車子的時候，出乎意料地，我回頭大聲對外婆說了件我幾乎忘了的事情：「外婆，我終於找到了一家出版社，要出我的第一本書了！」

母親聽了，忍不住溫柔地笑著對我說：「啊！安妮，我想她早就知道這個好消息了。」我們母女手挽著手，繼續走向車子。

每當我走過一個人生的里程碑的時候，我都會感覺到外婆慈愛平安的同在：當我買第一棟房子的時候，當我出書的時候，當我自己也成為母親的時候。其實，每一天，我都可以感覺到她的愛仍然溫暖著我，鼓舞著我，給我力量繼續走人生的道路。我感覺到她好像完好如初了，不再被困在疾病和軟弱的軀體裡面，並且在她現在所在的地方，她可以完全自由地愛我們了。[3]

當基督徒死去的時候，對活著的人來說是在說再見，但是對他們來說，是在對他們的主說「哈囉」。這就是為什麼我們活著的人感到悲喜交雜——我們為自己所失去的難過，但是，我們也為死者現在正經歷的感到喜樂和興奮。的確，我們生命中的某些部分是被挖空了，但是，死者的生命現在正在成為完滿。基督徒的死亡是一個過渡，一個從這個世界到下一個世界的通道，關於這個從這一站到下一站的「過渡」，有許多種的描述。在約翰．鮑爾神父（Father

John Powell）《停留在愛裡的祕密》（*The Secret of Staying in Love*）一書的前言裡，他對這個「過渡」有很美好的闡述：

我懷著感謝的心，把這本書獻給貝妮絲。在我過去的寫作生涯中，她一直是我力量的來源，她慷慨地給了我犀利的評論和醇厚的文學感受，而且，她對我總是充滿了信心，恆久地鼓勵我。是的，她並沒有幫我這本書作什麼預備工作，因為，在七月十一日那天，有人給了她一個更好的提議，她被宇宙之主，創造萬物的上帝邀請去了，現在，她正在參加一場慶祝生命的饗宴。[4]

這是約翰．鮑爾神父對於貝妮絲所選擇的一種告別儀式。當我們處在哀慟之中時，我們所感受到的失去是如此強烈，所以很容易讓那份悲情掩蓋了死者現在的真實情況，我們在自己的哀傷裡打滾，無法想像「沒有他們的未來」會漸漸明朗，從那裡，我們也將得到力量的泉源。我們需要常常從聖經的角度，去了解死亡的意義，對相信耶穌基督的人們來說，死亡是回到真正的家中。關於那段旅程，大衛．莫利（David Morley）也有一段令人回味的描述：

那將是多麼喜樂的時刻，當他與所有比他先走的人重新團聚在一起的時候！當那中斷了的溝通再一次建立起來，而熟悉的聲音再度進入你的耳朵，當那死亡的沉默永遠被打破了——再也沒有別離，再也沒有所愛的人從我們面前溜走，進入那死亡的謎團。

身為一個耶穌基督的追隨者，最榮美的期待就是，在他死的那一刻，就是他終於要與他生命的主面對面的時候。他的救贖主是多麼奇妙又充滿耐心，儘管那許多年，他一直忽視祂的存在而恣意妄為，但祂始終愛他。在死的那一刻，我們不是去見一位陌生人，而是去見一個我們一生中最好最親密的朋友。當我們把死亡看成一個啟示和團聚的時刻，我們就把它的毒液給挪去了。我們可以像使徒保羅一樣，說：「死啊！你得勝的權勢在哪裡？死啊！你的毒鉤在哪裡？」（哥林多前書十五章五十五節）[5]

基督徒對於死亡採取了不同的看法，他不但有地上的生命，也確保了永恆的生命，就如某個作者說的：「死亡是醜陋和令人厭惡的，但是，它不應該——我再說一次——它不應該會讓一個基督徒的生命就此緊急剎車，不再前進。上帝已經完成了一套不同的計劃，這計劃能夠讓你活在不斷上騰的希望裡。」

屬天的希望和永生，擴大了我們在地上生命的意義。傑出的知名非裔作家，同時也是教育家和律師的詹姆斯・威爾頓・強森（James Weldon Johnson）所寫的書《上帝的長號》（*God's Trombones*）裡，有一首許多人喜歡朗讀的詩《死亡，下去！》他在這首詩裡，坦誠地描述了人心深處的悲哀，給了許多人極大的安慰。

死亡，下去！

不要哭，不要哭，
她沒有死；
她在耶穌的懷裡休息。
心碎的丈夫——不要哭；
傷心的兒子——不要哭；
感到被丟下的女兒——不要哭；
她只是回家了。

前天早晨，
上帝從至高的天上往下看，
看祂所有的孩子，
祂的眼睛停留在卡羅琳姐妹的身上，
看到她因為疼痛在床上翻身。
上帝的大心充滿了憐憫，
那恆久的憐憫。

於是，上帝靠著祂的寶座的椅背，
發令給站在祂右邊那位明亮的天使：
傳死亡來！
那明亮的天使
用他那雷劈一般的聲音喊道：
傳令給死亡！——傳令給死亡！
他的聲音迴響在天堂的街道上

一直到達那陰暗的角落，
在那裡，死亡和他灰白的馬騎等候的地方。

死亡聽到了他的傳令，
躍上他快速的坐騎，
灰得像凌晨的魚肚白。
在黃金的街道上，死亡奔馳著，
馬蹄打在黃金上迸出火花，
但是卻沒有聲音。
死亡騎到上帝的寶座前，
等待祂的指示。

上帝對他說：下去，死亡，下去！
到喬治亞的薩瓦納去，
去到雅瑪奎兒的地方，

去找卡羅琳姐妹。
她堅忍了許多擔子和壓力，
她在我的葡萄園工作了許久。
她累了——
她感到疲倦——
下去，死亡，去把她帶回家來。

死亡沒說一個字，
鬆動了那灰白馬騎的韁繩，
馬刺踢到那毫無血色的馬身，
他就往外奔馳而去，
穿過了珍珠門，
跨過了太陽月亮和星辰；
死亡繼續騎著，
那馬的口沫反著光，彷彿夜空的彗星；

死亡繼續騎著，
他的身後閃著雷霆；
直往下去。
我們都圍在她的床邊，
但她的眼光轉向了別處，
她在看那我們看不到的景象；
她看到那古老的死亡，她看到那古老的死亡，
像一顆星辰一般下墜。
但是死亡並沒有嚇到卡羅琳姐妹；
對她來說，他是一個受歡迎的朋友。
她對我們微聲說道：我要回家了，
她微笑著，閉上了眼睛。

然後死亡把她像小寶寶一樣抱了起來，
她躺在他冰冷的手臂中，

但是她不感到寒冷。
死亡重新開始奔馳——
穿越了夜空，
跨過了晨星，
進入閃耀著的榮耀之光，
到達了大寶座之前。
他把卡羅琳姐妹放在，
慈愛的耶穌懷裡。

耶穌用祂的手擦乾了她的眼淚，
祂撫平了她臉上的皺紋，
天使在旁邊歌唱，
耶穌用臂膀輕輕搖著她，
祂對她說：現在你可以休息了，
休息吧，好好地休息吧。

不要哭——不要哭，
她沒有死；她是在耶穌的懷裡休息。[6]

在陸可鐸（Max Lucado）那本極具啟發性的《天堂的掌聲》（*The Applause of Heaven*）一書裡，在最後一章，他舉了一個回天家的比喻。他說道，有一次他要從外地回家，那次的旅途漫長又不順利，他必須轉機好幾次，才曲曲折折地到達了最後的機場。他的太太和三個女兒對他的回程已經等待了許久，所以，當他們看到他終於從人群中走出來的時候，全都興奮得不得了，但是，其中一個女兒的反應很特別，在另外兩個姐妹喜樂的歡呼聲中，她延遲了很久，好像不相信爸爸真的回來了，然後，她開始大聲鼓掌，她在對她的爸爸鼓掌，因為他終於到家了。這是不是很奇怪呢？但是，這是一個多麼恰當的方式來顯示她由衷的喜悅！從這個例子，陸可鐸接著說到基督徒最後回到家的光景，他深信，當我們到達天家的時候，耶穌一定也會因我們終於回到家，而鼓掌拍手。

在啟示錄二十一章，我們讀到約翰形容我們回天家的情形：

我又看見一個新天新地，因為先前的天地已經過去了，海也不再有了。我又看見聖城新耶路撒冷由上帝那裡從天而降，預備好了，就如新婦裝飾整齊，等候丈夫。我聽見有大聲音從寶座出來，說：「看哪！上帝的帳幕在人間！祂要與人同住，他們要作祂的子民；上帝要親自與他們同在，做他們的上帝。上帝要擦去他們一切的眼淚，不再有死亡，也不再有悲哀、哭號、疼痛，因為以前的事都過去了。」

陸可鐸在他的書裡，繼續寫道：

約翰說，有一天上帝要擦乾我們的眼淚。那雙曾經鋪張穹蒼的手會觸摸你的臉頰，那雙塑造山巒的手會撫摸你的面孔，那雙羅馬兵丁曾經打下釘子而痛苦彎曲的手會捧著你的臉，把你的眼淚永遠地擦乾。

當我們想到有一個世界，在那裡沒有人會因任何原因而哭泣的時候，你是不是會想趕快到那裡去呢？

約翰說：「那裡不再有死亡……」你能想像嗎？一個沒有靈車，沒有停屍間，也沒有墓地或墓碑的世界？你能不能想像，在那個世界，沒有鏟子會把泥土扔到棺材上？沒有名字要刻在大理石上？沒有喪禮？沒有黑色的喪服？也沒有黑色的花圈？

約翰說，在下一個世界，沒有人會再說告別的話了。[7]

每一個在地上的人都會在某一個時間死去，我們對這個事實有著畏懼，我們抵擋它，遲遲不去面對它，甚至，我們還可能否認它的存在。但這些嘗試都不會有任何結果的，因為，我們無法防止我們所愛的人死去，我們自己也躲不了死亡，但是，我們可以試著從上帝的觀點來看這件事。陸可鐸在那本書中，提供了這樣一個新的角度：

在你沒有覺察到的時候，你那特定的時間到了；你會降落在那天上的城市，你會看到那些等待你的人，聽到那些你所愛的人叫著你的名字。同時，也許——我是說也許，在人群的後面——那位為了讓你重生而願意死去的那位，祂會從祂長長的袖子裡伸出那有釘痕的手……開始為你鼓掌。[8]

是的，那些你所愛但先你一步離去的人，有一天會對你說：「哈囉！」現在，你對他們說了再見，而你會在不久的將來，在沒有他們的日子裡迎接那「新的一天」……至少，暫時如此。

療癒練習題

一、找出你人生中曾經說過「再見」的人事物。
二、你如何說再見？
三、在你人生中的此刻，是否有什麼人事物，你必須對他／她／它說再見？
四、為你所失去的人事物，寫一封告別信，然後在團體中與其他人分享。請描述這些經驗對你的意義。

第七章

從失去的哀慟中恢復

我們對於失去是無法選擇的，但在恢復期間，我們卻可以作很多不同的選擇。

「有沒有什麼徵象告訴我，我的哀慟已經結束了呢？當我從哀慟中恢復的時候，究竟是什麼樣的感覺？」

你有沒有問過這樣的問題呢？我們都希望知道恢復是在什麼時候發生，還有，怎麼知道自己已經恢復了。對所有人生的失去，「恢復」都是其中的主要課題，但是，由於失去的種類很多，所以，人們所經歷的恢復過程也非常不同，這要看他們所經歷的是哪一種失去，以及那個失去的嚴重性有多大。回想一下你生命中最近所經歷的失去，你處在哪一層次的恢復階段？如果你覺得自己已恢復了，你是否想過，你是何時「開始恢復」的呢？

你有沒有在醫院動過手術？如果有，你就大致知道手術前後的程序。在你動完手術後，你會被送到一間「恢復室」，他們會讓你在那裡躺幾個鐘頭，直到你體內的麻醉劑開始消退。把那個房間叫做「恢復室」其實不是很正確，因為，它不是指你已經完全恢復，而是幫助你的身體適應剛動過的手術，好讓你出院，開始你真正的恢復過程。

這是安．凱澤．史登對「恢復初期」的描述：

> 從哀慟中恢復的過程，就好比你在高速公路上開著車，突然看到警示牌，告訴你前面的路在翻修，你需要繞道而行。於是，你每開幾里路就得從高速公路上下來，而那些橘紅色的路

標會把你彎彎曲曲地帶到一些你沒去過的小鎮，而那裡的路面通常很不平整，坑坑洞洞，使得你的車子在上面蹦來蹦去。基本上，你是在往正確的方向行駛，但如果從上空看你所經過的路線，並不是一條直線，而是像鯊魚牙齒那樣參差不齊的尖銳路線。不錯，你是在往對的方向前進，然而在你跟著路標東彎西轉的時候，你免不了懷疑，自己是不是真的會開回高速公路？[1]

這個比喻，從某方面來說，提供了從失去中恢復的鳥瞰圖。「恢復」並不表示你已永遠結束了哀慟。「恢復」包含了兩個層次，一是，幫助你到達一個境地，在那裡，你會有能力像過去一樣過正常的日子；二是，幫助你決心好起來，並進一步把「失去的經驗」吸收到未來的你裡面。是的，你可以說，在經歷了失去之後，你不可能「完好如初」，因為，你永遠不可能回到過去的狀況了。失去的經歷改變了你，就像某個參加哀慟研討會的人提出來的問題：「如果我不可能回到過去的狀況，如果我根本不可能完好如初，那你們在說什麼恢復呢？我感到非常困惑。這到底是什麼意思呢？如果不能完好如初，怎麼能算是恢復呢？」

從失去中恢復，意味著，你可以把自己重新投注在生活裡，能夠開始建立新的人際關係，也可以開始編織新的夢想。你發現，重新找到新的喜樂來源是可能的。但是，這種發現也可能讓你覺得不太舒服，一方面，你可能覺得，在你失去以後，你又在生活裡找到樂趣和喜樂是不對的；另一方面，你害怕如果你開始有新的希望，並重新信賴他人，可能又會經歷失去的痛苦。

但是，我要在這裡提醒你：你喜樂的來源究竟是什麼？那來源是上帝。詩篇的作者說道，祂為我們「披上喜樂」的衣服——上帝是那位邀請你重新投入生命與生活的主。

如果你最近才經驗到一個嚴重的失去，你可以問自己兩個問題：一、現在有沒有什麼東西在阻擋我重新建立我的生活？二、有沒有什麼是能夠幫助我重建我的生活的？[2]

讓我們看一下詩篇的作者如何面對這個問題：

耶和華啊，我要尊崇你，因為你曾提拔我，不叫仇敵向我誇耀。

耶和華我的神啊！我曾呼求你，你醫治了我。

耶和華啊，你曾把我的靈魂從陰間救上來，使我存活，不至於下坑。

耶和華的聖民哪，你們要歌頌祂，稱讚祂可紀念的聖名。

因為祂的怒氣不過是轉眼之間，祂的恩典乃是一生之久。一宿雖有哭泣，早晨便必歡呼。

至於我，我凡事平順，便說：「我永不動搖。」

耶和華啊，你曾施恩，叫我的江山穩固；你掩了面，我就驚惶。

耶和華啊，我曾求告你。我向耶和華懇求說：

「我被害流血，下到坑中，有什麼益處呢？塵土豈能稱讚你，傳說你的誠實嗎？

耶和華啊，求你應允我，憐恤我。耶和華啊，求你幫助我。」

你已將我的哀哭變為跳舞，將我的麻衣脫去，給我披上喜樂。

好叫我的靈歌頌你，並不住聲。耶和華我的神啊，我要稱謝你，直到永遠。

（詩篇三十篇）

你有沒有注意到，此篇詩篇的作者是怎麼描述自己的哀慟和恢復呢？當我們在哀慟裡掙扎的時候，有時會覺得自己快要死了。你是否有過這種感覺呢？在哀慟中，有時候我們覺得上帝掩面不看我們了。你是否曾這樣感覺呢？但是，當你在恢復中的時候，你發現，原來哭泣是不會持續到永遠的。你是否想把自己身上的麻衣脫下，換上一件喜樂的衣服呢？

你是否也發現，在恢復的過程中，你可以作許多選擇呢？絕大部分的人對於失去是無法選擇的，但是，每一個人在恢復期間都可以作許多不同的選擇。在經歷失去以後，你在自己的身分、人際關係、你所扮演的角色，以及你處理事情的能力方面，都發生了改變，這些改變可以是正面的，也可以是負面的，而你可以在這兩者中作選擇。

我看過有人在重大的失去之後，活在「否認」裡。表面上，他們繼續過著原本的日子，彷彿什麼事都沒發生過。我也看過有人「卡在」哀慟的初期階段，然後，選擇活在苦毒和怪罪他人的日子裡，他們有些變得麻木不仁，並且動不動就發怒，使得別人很難跟他們相處。這些人都憑著自己的自由意志，作了選擇。我們並不能把自己在失去以後所過的日子，怪罪到別人或上帝身上。生命裡充滿了各式各樣的失去，而我們每一個經歷了失去的人都有機會去作自己的選擇，我們可以讓失去的經驗毀滅我們，也可以讓它建樹我們的未來。

你可能會問，有沒有什麼標準或測驗，可以讓哀慟者衡量一下自己是不是開始恢復了呢？有的，但是，在你做這個測驗的時候，最好有個人在你旁邊，給你一些客觀的建議。泰瑞絲・藍多博士[3]對於哀慟和恢復的研究，提供了一個有效的設計，她認為，要知道你是否正在恢復，可觀察以下幾項改變：

- 你自己的改變。
- 你和所失去者的關係的改變。
- 你和外界，以及你跟其他人關係的改變。

當你在做下面這個測驗時，你對每一個問題所產生的答案，可以決定你是否正在恢復當中。當你讀了每一個陳述的句子之後，想一想你自己的反應，然後在這個從0到10的尺標上，選擇你對每個問題的反應是什麼（0表示「全然不是」，10表示「已完全恢復」）。在這項測驗中，失去的對象主要是針對「人」，而不是事件或事物，但是，你也可以把它稍微更改一下，用在事件或事物上頭。[4]

我在失去之後的改變

在生活中的絕大部分，我都已經恢復正常了。

0……………5……………10

我在哀慟中的許多症狀都開始漸漸減輕了。

0……………5……………10

當我想到我所失去的人，或有人提起的時候，我已經不會覺得自己要被憂傷吞噬了。

0……………5……………10

大部分的時間，我對自己的感覺都還好。

0……………………5……………………10

我可以享受獨處，並且也可以在感到喜樂的時候，不覺得有罪惡感。

0……………………5……………………10

我的憤怒減低了許多，而如果它又抬起頭來，我也可以適當地去處理。

0……………………5……………………10

我不再去防止自己想到那些讓我傷痛的事情了。

0……………………5……………………10

我的痛苦已經降低了，而且我也比較了解自己的情形了。

0……………………5……………………10

我可以想到一些正面的事情了。

0……………………5……………………10

關於那些在哀慟之後我必須處理的事情，我都已經完成了。

0……………………5……………………10

我的痛苦不再主宰我的思想或生活了。

0…………………5…………………10

我可以面對那些特殊的日子（如生日或週年紀念）和節期，而不會感到被許多回憶的浪潮淹沒了。

0…………………5…………………10

有關那些因為重大哀慟所造成的連帶問題（第二層次的失去），我都已經面對和處理好了。

0…………………5…………………10

當我偶然想起我所失去的，我不再感到痛苦，也不會忍不住哭泣了。

0…………………5…………………10

我的生活仍然是有意義的。

0…………………5…………………10

我可以開始問「如何」的問題，而不只是問「為什麼」的問題了。

0…………………5…………………10

雖然有過這樣重大的失去，現在，我又可以在生活中看見希望和生命的目的了。

0…………………5…………………10

我有活力去面對每天的日子，同時，在一天當中我也能夠放鬆一段時間了。

0……………5……………10

面對失去的事實，我不再掙扎或抗拒了，我已經接受失去他／她的事實。

0……………5……………10

我正在學習如何適應我的新身分（自我認同），並接受在這個身分裡沒有他／她的同在了。

0……………5……………10

我知道哀慟的感覺有時還是會回來，但現在我了解它的性質，也已接受失去的事實了。

0……………5……………10

我現在明瞭哀慟是怎麼一回事了，同時也可以看到它在我們生命中正向的作用。

0……………5……………10

我和所失之人的關係

現在，我們之間的種種回憶是很真實的，有好的也有壞的。

0……………5……………10

我現在與我失去的那人之間，關係是健康妥當的。

0……………………5……………………10

如果我有一段時間沒有想到他／她，我不會覺得不對勁，也不會覺得我背叛了他／她。

0……………………5……………………10

我和失去的那個人發展了一份新的關係，我讓他／她的記憶活在我生活中是妥當的。

0……………………5……………………10

我不再天天只想著有關他／她的事了。

0……………………5……………………10

我不再覺得我「應該」緊抓那份哀慟了。

0……………………5……………………10

我讓他／她活在我的記憶中，這樣的方式是健康的，也是好的。

0……………………5……………………10

我可以去想生活中別的事情，而不是只把焦點放在我所失去的人了。

0……………………5……………………10

雖然他／她已經不在了，但是，我的生活還是有意義的。

0……………………5……………………10

為了適應我的新生活，我所作的種種改變

我已經把我所失去的整合到我的世界裡了，我也可以用健康的方式去與他人交往。

0……………………5……………………10

我可以接受來自他人的幫助和支持了。

0……………………5……………………10

在我和他人的關係裡，我可以開放地談我的感覺了。

0……………………5……………………10

我覺得我可以繼續進展我的生活了，雖然我所愛的人已經不在。

0……………………5……………………10

我可以對其他人和其他事物產生興趣了，雖然，這些人事物都和我所失去的人沒有關係。

0……………………5……………………10

我可以從新的角度來看我所失去的了。

0……………………5……………………10

哀慟是一種來來回回的過程，你往前走了幾步又會倒退幾步回來。要了解你自己的進展，最好的方式是把你所經驗到的用日記寫下來。這可以給你一個具體的根據，讓你看到自己所走過的腳印，雖然在感覺上，你可能覺得自己好像在原地踏步，但是，你的日記會讓你看到你是在進步。你的日記是你個人的財產，不是給別人讀的，它所記載的是你內心的感覺和你從絕望之谷爬攀而上的途徑。你可以用任何形式的文字來寫你的日記，用簡單的幾句話，或是用詩，用禱告，它不是文學創作，而是你的呻吟和呼求，它的目的是反映你所走過的哀慟旅程。《適應哀慟的指南》（*The Grief Adjustment Guide*）一書的作者群提供了下面這些很有助益的建議：

- 如果你能夠每天分出一點時間，在你的日記裡寫一小段東西，會很有幫助的。一個星期之後，回顧一下你在那個星期所寫的東西，你就會看到自己在某些方面開始恢復了。如果你無法寫一段話，寫個一兩行也會非常有用的。
- 有些人也許一星期只寫幾次，那也沒有關係。一星期或一個月以後，把你所寫的拿出來讀一下，你就會發現自己的一些進展。

如果你覺得自己好像什麼都寫不出來，可瀏覽以下的建議清單，其中每一項都可以幫你起個頭。找出較符合你的感受的開頭。[5]

1. 我現在最大的掙扎是……
2. 最教我絕望的事情是……
3. 失去他／她最糟糕的就是……
4. 當我覺得寂寞的時候……
5. 我最怕會發生的事情是……
6. 我所學到最重要的一件事是……
7. 阻止我往前走的是……
8. 似乎在……的情況中，我最容易哭。
9. 昨晚我夢到……
10. 我聽到……那首歌，使我想起……
11. 我開始感謝（或欣賞）……（某某人）所做的（或那人的特質）……
12. 當……（某事）發生時，我感到非常憤怒。

13. 過去的……（某些事）不斷攪擾著我……
14. 我從過去所發生的事所學到的功課是……
15. 在……的時候，我特別有罪惡感……
16. 我最想念的經驗是……
17. 在我新的經驗裡，最讓我喜樂的是……
18. 在所有的改變中，我最不喜歡的是……，最喜歡的是……
19. 我的感覺有時候使我感到非常困惑，因為……
20. 我今天聞到……或看到……，使我想起了……
21. 我今天有一個新的希望，那是……
22. 在失去之後，我開始發展出全新的力量，就是……
23. 今天，我覺得很親近上帝，因為……
24. 今天，我對上帝很生氣，因為……
25. 為了讓我自己能夠找到平衡，我……
26. 今天，我接到（某某人）的電話或信，使我覺得……
27. 我的朋友＿＿＿＿（某某人），失去了他（或她）的＿＿＿＿，於是我……

如果上面這些句子裡有什麼是不適合你的，你可以用其他較符合你的感覺的字詞，把你的感受寫出來。你可以用這類表達情感的詞開始：悲慘，渴望，希望，或其他字眼，然後再用片語或完整句子，把內心的感受寫出來。如果在這樣的過程中你想哭泣，就一面寫一面哭，但是不要停下來，直到你把能寫的東西都寫出來，再也沒有什麼好吐露的為止。

寫日記可以讓你表達內心所思，所想，所感覺到的，也能讓你把你的哀慟用文字結晶出來。在每一次你有所觸動的時候，不管是大是小，都把那些感覺寫下來，這能幫助你去「面對和接受」沖竄在你內心的感覺，同時幫助你有條理地回應這些感覺，因為哀慟是一種糾結了人生各式各樣情緒的毛球，把它們用寫的方式逐一分別出來，是幫助你適應它們的最佳方法。

不時翻閱你所寫下的東西，當你漸漸開始寫當天所發生的事，而不是描述你所失去的人，你就知道自己已漸漸恢復，並開始適應新的生活了。雖然感覺上，那個時刻好像一直沒有到來，但是，從你自己的日記裡，你會看到一些正面的跡象和某些方面的恢復。

那是你的日記，怎樣能善用它來幫助你自己，就那樣去做吧！[6]

下面的曲線圖可以幫助你走過哀慟的旅程，把它和前面的測驗問題整合起來，一起運用：

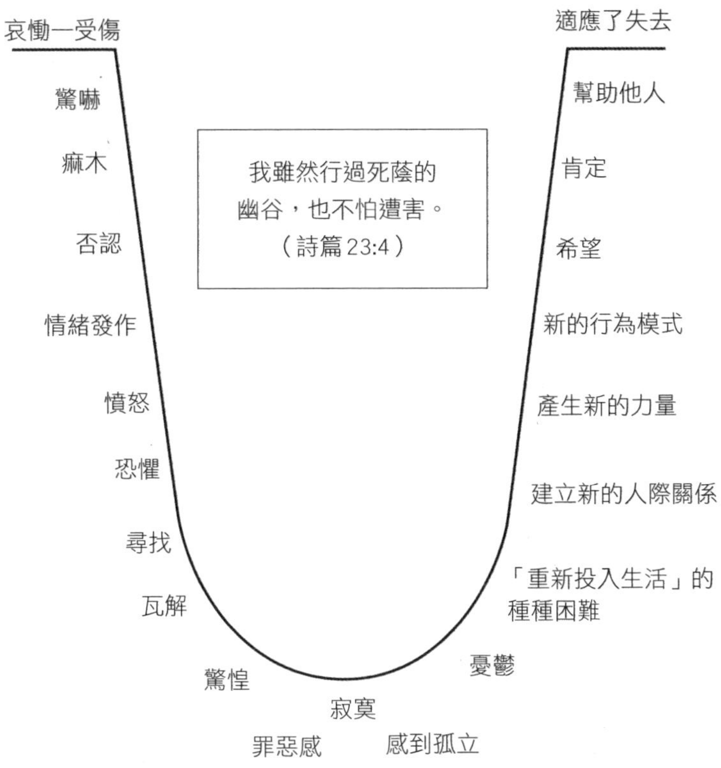
哀慟一受傷
驚嚇
痲木
否認
情緒發作
憤怒
恐懼
尋找
瓦解
驚惶
寂寞
罪惡感
感到孤立
憂鬱
「重新投入生活」的
種種困難
建立新的人際關係
產生新的力量
新的行為模式
希望
肯定
幫助他人
適應了失去
我雖然行過死蔭的
幽谷，也不怕遭害。
（詩篇23:4）

一、把你已經經過的階段劃掉。

二、寫下你是如何從被「卡住」的情況裡走出來的。

三、把你處理哀慟的模式寫下來。(例子：「我把情緒往心裡塞，而沒有釋放出來。」「我把憤怒深藏在心底。」)

四、把你走過哀慟之後，重新產生的力量寫下來。(例子：「我是一個存活者。」「我從別人那裡學到了什麼是感同身受。」

五、你要如何用你所得到的新力量去幫助周圍的人？[7]

療癒練習題

一、閱讀詩篇三十篇，寫下這段經文對你個人傳達了什麼。

二、根據本書第一百六十七至一百七十二頁所提供的評量表，判斷你的哀慟指數，並填寫第一百七十七頁中的圖表。

三、你有寫日記的習慣嗎？這對你有幫助嗎？

四、關於寫個人日記，你有任何問題、恐懼或擔憂嗎？

五、哪些經文對你從哀慟中復原有最大的幫助？

第八章

在哀慟中成長

有時在哀慟和苦難中，我們會經驗到喜樂，那是玫瑰被踩碎之後所散發的香氣。

某一期的《讀者文摘》裡，有一篇關於四個中南美洲的漁人，在一艘小船上漂流了幾個月的故事。那篇文章敘述在長久的漂流中，他們是怎麼存活下來的。

有一架飛機失事了，搜救隊在十天後才找到墜機地點。他們發現，竟有十四個人還活著，於是大家都在想：「他們是怎麼存活下來的？」

在一條荒涼的山路上，一輛車子衝破護欄掉進了山谷。五天之後，救難隊找到了三個受傷的人，可想而知，每個人都被新聞記者問了這個問題：「你是如何在這麼可怕的意外中活下來的？」

同樣地，當我們走過人生重大哀慟的時候，人們對我們會有相同的好奇心，想知道我們是怎麼樣「存活」過來的。因為，從哀慟中恢復就意味著，你是一個存活者。但是，並不是每個人都會有一樣的結果，有些人會下決心一定要從危機中存活下來，但是，另外一些人卻做不到。這裡面的差別在哪裡呢？人生是不是有一些原則，可以幫助我們走過重大的失去呢？

首先，讓我們先對「存活者」下一個定義。喬伊．爵菲（Joy Joffe）對此所下的定義：「存活者是那些被擊倒以後，知道應該躺在地上，讓拳擊裁判數到九的時候才站起來的人；那些被擊倒之後馬上站起來的人，通常馬上又會被擊倒。」[1]

一、存活者會盡力預防可能發生的變遷、失去或危機。所以，當事情發生的時候，他們比較能夠適應並處理自己的情緒和處境。

生命中充滿了可預料的人生變遷，它們都有可能造成重大的哀慟，除非，我們可以在事前就預備好回答這個問題：「這件事對我有什麼意義？我應該怎樣預備才不會在它發生時被擊倒？」現在，讓我們來看看，人生有哪些典型的變遷是可以預料的。

無論是男是女，我們都會在某個年齡遇到身分認同的問題。至於那些有孩子的人，也都會在某個時間發現原本熱鬧的家，變成了一個「空巢」。對有些人來說，空巢期是一份重大的失落，他們很難適應如此巨大的變化，因為，家裡的氣氛完全不同了，他們不但看不見孩子，那些因孩子不在而造成的改變也一個接一個出現。過去為了孩子要作許多決定，現在也不用了。過去家裡總是充滿混亂和噪音，現在也都沒有了。另外，過去的生活模式，包括購物，燒飯，時間表的安排（如何運用緊湊的時間），整個都改變了。這時候，我們需要奠定新的人生角色，於是，我們也面臨了新的壓力。過去，我們從孩子那裡得到的滿足感，現在都必須在別處尋找了。那些隨著空巢期所產生的需要包括：人與人之間的溝通，情感的表達，還有彼此為伴的感覺。

通常，「空巢期」所帶來的混亂和變化，會正好和我們的「中年過渡期」或「中年危機」

撞個正著。許多有關家庭的研究都發現，在最後一個孩子離家之後，夫妻之間會很容易發生婚姻觸礁。所以，如果你覺得這樣的事可能發生你的家中，你就應該在事前有所考慮，並且防備可能發生的問題。

「退休」對許多人來說也是一種重大的損失，但在這方面有心理預備的人卻不多。

另外，有關生理上的改變或衰退，也是可以事先準備的。有一位羅患漸凍人症（Lou Gehrig's Disease，肌萎縮性脊髓側索硬化症）的人跟我分享了他所作的階段性預備，這包括了改變他的工作模式，換一部他將來合用的車子，改換家裡的擺設，還有，在財務上作好準備，如此，在接下來幾年，他和妻子倆會比較容易面對他們的挑戰。

我還認識一位有多發性硬化症的人，他在病症初期就改變了他的職業方向，因而在病情比較嚴重時，他仍然可以應付。這樣的職業變動也延長了他的工作年齡。

這些人在問題還沒有使他們的生活癱瘓以前，就採取了主動，去進行所有他們可作的準備，好讓他們的生活繼續下去。事實上，如果你可以在重大失去來到之前，就去認識和了解我們可能受到的影響，會使得整個過程較為容易。

反思：對於你可以預料的人生變化或失去，你有沒有作什麼準備？

二、存活者懂得從別人的經驗裡學到智慧。通常，他們在失去降臨到自己身上之前，就注意到別人在他們的遭遇中學到了什麼。之後當他們自己面臨失去的時候，也會渴望從中學到人生的智慧。他們不會讓自己扛起所有的重擔，而會從別人那裡尋求洞見，幫助自己面對眼前的挑戰。

反思：你如何處理生命中的失去？是否有人助你一臂之力？

三、存活者不喜歡埋怨。他們懂得處理自己的情感，雖然，有時候他們也會跌落谷底，或者為自己的不幸感到悲哀，可是，他們不會一直在那裡哭哭啼啼，自怨自艾，憤世嫉俗，怪罪他人，或讓苦毒在心裡滋長。他們會發現，這類型的態度對他們的生活毫無助益，甚至是一種浪費。

反思：當重大的難題與你面對面的時候，你聽見自己在說什麼嗎？

四、存活者有他們的人生楷模。這些楷模是那些克服了生命的重大困境和瓶頸的人，這些人的故事啟發了他們周圍的人，而那些存活者曾經觀察過這些楷模是如何處理他們人生的問題，特別是他們內在的態度。當你從他人身上看到了其他可能性，你心裡就產生了希望，相信自己也能夠從那樣的困難中掙脫。

反思：你生命中的楷模是哪些人？

五、存活者是那些渴望繼續學習新功課和繼續成長的人。這意味著他們習慣於充實他們的想法和擴張他們的心胸，並用新的角度看事情；這也意味著，雖然你目前的生活很愜意，但是你也會想學新的東西，拓展你的眼界。

反思：在過去一年當中，你在哪些方面有持續成長和改變？

六、存活者不怪罪他人。雖然人生的某些失去並不是我們的錯，但是，由於心中的罪惡感和責任感作祟，怪罪他人就成了一個很容易掉下去的陷阱。如果一個孩子在車禍中喪生，做父母的很可能責怪彼此，或者責怪車子的製造商，責怪救護人員或醫生，甚至責怪上帝。在另外一些情況，即使有很明顯的罪魁禍首，但是如果我們把所有的精神都放在責怪他人上面，我們就會卡在哀慟的齒輪裡出不來。其實，在大部分的情況中，人們的各種責怪都沒有真正的根據，也沒有具體的證據。

反思：評估一下你自己的情況，是否曾經在哀慟中怨天尤人。

七、當一個重大的危機和損失發生的時候，存活者能夠發展出某些技能去適應那個打擊。他們會找出問題的所在，然後學習如何應付問題，好讓自己處在掌控的位置。他們不會讓自己流入自暴自棄的境地，相反地，他們會盡量站穩腳步，冷靜思考：「讓我們看看，我們該怎麼做才能渡過眼前的難關。」

安．凱澤．史登說：「因為我們是人，我們都會在某些時候感到無助和無力，但是，那些勝利的存活者會拒絕被無力的感覺吞噬，並決意去尋找可以解決問題的辦法，好重新掌握自己的命運。」[2]

過去，我曾經花了四年的功夫去扭轉我擁有的一間公司，好把財務赤字轉成黑字。在那個扭轉過程中有著痛苦的一面，因為，我必須改變一些過去與我合作過而成為朋友的人，我也必須裁員。但是，那些都是當時必須作出的智慧決定。

反思：你能否辨認出你的處理能力，又是否曾經在處理重大問題時發展出新的技能？

八、不論多大的悲劇發生在他們身上，存活者都會想辦法活下去。他們會在某些特殊的才藝方面下很大的功夫，精益求精，他們也會勇於表達自己的才華。我記得曾經有一個主日，在教堂裡聽到一位天生視障而且局部聽障的人彈奏聖詩歌，他的努力使他成了一位鋼琴演奏家。另外還有一次，我驚奇地看著吉姆．艾博（Jim Abbott）為加州的天使隊投球，他只有一隻手是健全的，但是他卻克服了獨臂的困難，成了優秀的棒球投手。他必須投入多年的努力，但是他決心不放棄。決心是存活者的必要條件。

反思：當逆境來到的時候，你是如何發展出新的方法，好繼續走人生的旅途？

九、即使是在哀慟之中，存活者仍舊能夠享受生命，甚至有時會開懷大笑。是的，即使你心中有很大的痛苦，仍舊可以大笑。有時候，我們在談到死者生前做的某些事情時，會忍不住發笑，這也就是為什麼，在喪禮之後的茶點招待時刻，許多人在緬懷死者時會忍不住發出笑聲的原因。

反思：當你的世界好像在你周圍瓦解的時候，你是否仍能享受生命呢？

十、存活者具有適應新環境的彈性。他們能在逆境中找到力量，於是可以發展出好幾種方法去面對所發生的事。他們不會拘泥於過去的生活方式，卻能夠隨機應變。存活者不會限制自己對情境的反應，他們願意隨機應變。[3]

反思：幫助你成長和前進的動力來自何處？

十一、存活者信靠上帝。相信耶穌基督，並活出聖經上的教導，是我們可以存活，並從哀慟中恢復的根基。正確的神學觀能夠幫助我們接受生活中所發生的種種事件，這並不表示我們明白為什麼那些事情會發生，也不表示我們應該高興它們發生了，但是，我們會學習去接受。你能明白為什麼在癌症治療中心裡有那麼多十歲不到的孩子嗎？或者，一個有三個年幼孩子的年輕母親被酒駕的人撞死？還有，你能了解，那誠實的生意人，總是以聖經的原則去處理他的業務，但他的公司卻倒閉了嗎？

有些基督徒自己也許不知道，但是，他們其實是活在一些不合乎聖經的假設之上，譬如，他們會有以下這些想法：

- 人生是公平的。
- 我可以掌握我的人生。
- 如果我跟隨耶穌和祂的教導，我的人生就不會有任何悲劇。
- 如果我遭遇苦難，那是因為我有罪。

- 我的身體是不老的……至少可以活到九十歲！
- 如果我作「十一奉獻」，上帝就一定會在金錢上祝福我。

在重大的傷痛臨到之前，就去了解、認識有關的問題是很重要的，否則，當它突然臨到時，我們會很容易怪罪上帝。

有些人在哀慟中會需要找一個可以怪罪的對象，如果他們找不到那個對象，就會去「發明」一個出來。有時候，我們看到悲劇發生，但是不明就裡，就會聳聳肩，說，「這大概是上帝的旨意。」當聖海倫火山爆發的時候，當地的柯微茲印第安人相信神在發怒，因為，他們玷汙了那塊埋葬死人的土地。一九八五年，當墨西哥城發生地震時，那裡的居民也說：「上帝一定是在對我們發怒。」

在蒂蘿瑞絲．昆寧的一本好書《幫助人們走過哀慟》中，她說：

如果我們過去未曾滋養自己的靈命，那麼，我們是不可能有一個夠深的內在水庫，在突然間可以去汲取很多的水……人是由血肉和骨頭所構成，不是用橡膠、鋼筋和塑膠所造的。我們只要用些理智，就可以了解，死亡的發生不外乎下面這些因素：人本身錯誤的判斷或不周全的計劃、遺傳上的誤差、他人的邪惡行動、疾病（其中不少是自己造成的）、天災——如地震、風暴、火災或洪水，還有就是無人可以改變的自然律，如地心引力。

我們的理智也告訴我們，如果我們違反了上帝所給的誡命——那是上帝為了幫助我們過一個健康無慮的生活而設計的，我們等於製造了一個可以毀滅我們生命的惡劣環境。打一個比方，如果我們違背了來自上帝的健康定律，我們就會因此得病和受苦。我們的身體是上帝創造的，因此，我們需要依照上帝的指示，才能過健康有活力的生活。[4]

基督徒心理諮商師，德懷特・卡爾森博士（Dr. Dwight Carlson）寫道：

有時候，「上帝掌管宇宙」這一觀念會給某些人一種錯覺，使得他們認為，上帝把每一個人生活中的所有細節都毫無變通地設計好了。這樣的一位上帝有點像個躲在控制室裡亂按按鈕的虐待狂，祂會說：「讓我們給瑪麗今天的英文考試一個A，給瓊安的車子撞一個洞，我還要把佩蒂的水管堵塞起來，喬伊呢，讓他心臟病發作，對了，我還要讓蘇珊得白血病。」事實上，沒有什麼比這樣想更離譜的了。[5]

另外一類怪罪上帝的原因是，我們覺得自己非常特別，因為我們是祂的子民，或者因為我們為祂做了什麼事，於是祂會給我們一些特權，讓我們與不幸絕緣。但是，這種「感覺」並沒有聖經的根據，不錯，「上帝可能會介入，因著祂至高的抉擇，但是，我們並沒有什麼神聖的權利去要求祂那麼做。」[6]

當我們被痛苦、死亡、悲劇和災難攻擊的時候，在可怕的折磨下，那古老的問題又在我們的心裡抬頭了：上帝為什麼允許這樣的苦難呢？當我們受苦的時候，祂在哪裡呢？發生這些可怕的事，難道有什麼特殊的意義嗎？

我們全都懼怕痛苦，然而，從嬰兒期開始，我們身體上的疼痛就具有警告的作用，它教會我們不去碰觸火熱的爐子，也警告我們體內某處正在發炎。然而，當它折騰我們的身體或我們所愛之人的身體的時候，它就進一步在撕裂我們的靈魂，不但在肉體，也在情緒和靈裡折磨著我們。我們會忍不住問道：上帝為什麼允許苦難降臨在我們身上呢？難道，苦難本身具有特別的意義嗎？

但以理．思蒙森（Daniel Simundson）在他的著作《當我受苦的時候上帝在哪裡？》（*Where Is God in My Suffering?*）中提醒我們：「當我們因為苦難而向上帝呼求的時候，我們知道，那位了解所有人生痛苦的上帝聽得見我們的聲音。對於一個受苦的人來說，知道有一位完全了解我們的痛苦並充滿慈愛的上帝與我們同在，是極大的安慰，祂不但邀請我們照著我們的本相向祂禱告，並且，祂完全知道那種痛苦是什麼。祂聽得見，也了解我們的苦難，那位曾經親自受苦的上帝聽得見我們的哀歌。」

我們的信仰基礎應該奠定在上帝的話語之上。當我們查驗這個事實時，我們發現，一次又一次，經文告訴我們，上帝是良善的，而且祂關心我們。我們也知道，上帝是全能的，這就意味著，祂有無窮的能力。但是，這無窮的能力對我們來說究竟是什麼意思呢？常常，我們在這個問題上觀念並不正確。上帝的全能是不是表示我們就像機器人一樣，而上帝是在控制著世界上每一件事情，每一個細節呢？不錯，祂的確是全能的，但是，這並不表示世界上所發生的事情都是祂所喜歡的。在世界創造之初，祂所創造的人類就具有自由選擇的意志。由於人們會作各種選擇，結果，世上所發生的許多事都是神所不喜悅的。問題就在這裡，如果祂不給我們自由意志去拒絕祂和祂的教導，那麼，祂等於沒有給我們自由意志去愛祂。祂希望我們愛祂，而且是以我們的自由意志選擇愛祂。[7]

德懷特．卡爾森還作了這樣的解釋：

有一種可能是，既然上帝對人的渴望是，他們是由衷地去愛祂，敬拜祂，跟隨祂，那麼，祂唯一的選擇就是允許撒但藉由痛苦、災難和不幸，去試探人類的心志。這就是整本約伯記裡最重要的課題。然而，我可以向你保證，這並不表示上帝沒有至上的主權，在約伯記裡，撒但必須先徵得上帝的允許，才能去試探約伯，而且，他也只能在神所允許的範圍裡去試探他。

在約伯記裡，最令我們困惑的觀念就是「上帝的自限」。連許多心裡火熱的基督徒都很難接受這個觀點。但是我衷心地相信，當上帝在創造世界之始，就已經決定了某些「律」，是祂自己都不會去侵犯的。我們的問題在於，這些上帝所設定的律會與我們的生活在一個極度敏感的地方交會——就在我們的苦難和不幸當中。[8]

這就導致一個很有意思的問題：到底誰是宇宙的中心？是上帝，還是我們？在哈駱·庫希納（Harold Kushner）的《當壞事發生在好人身上》（*When Bad Things Happen to Good People*）一書中，他問了這樣一個問題：

如果上帝不能讓我的疾病消失，那麼，祂究竟有什麼用呢？誰需要這樣的上帝呢？上帝並不要你生病或瘸腿，祂沒讓你有這個問題，祂也不希望你繼續生這種病，但是，祂也不能把這個病拿走。即便是上帝，這也是非常棘手的事。那麼，祂對我們到底有什麼好處呢？[9]

庫希納提出來的這個問題是建立在一個有問題的前提上，這個前提是：人是宇宙的中心，而上帝得聽我們的話。但是，《納尼亞傳奇》的作者魯益師有不同的看法：「人不是宇宙的中心，上帝並不是為了人才存在，人也不是為了他們自己而存在。」[10]

有關我們怎麼處理人生的困境和我們如何敬拜神，約翰．基凌傑（John Killinger）在他的著作《為了神，作一個人吧！》（*For God's Sake, Be Human*）之中有個有趣的想法：

> 很奇妙的是，有時候在哀慟、苦難和劬勞之中，我們會經驗到喜樂，就像我們在快樂和安逸中經驗到的一樣。它埋藏在表面生活的底層，卻和整個生活的架構有關。它是玫瑰被踩碎之後，所散放的香氣；它是飛鳥撞上車窗的那一霎，你所看到的鮮豔羽毛；它是當一個人本能地領悟到，人生是由許多美不勝收的時刻所構成時，喉中激動的哽咽。

千萬不要誤會我的意思，我不是在說上帝故意讓我們遭遇困境，好讓我們更能品味人生或感謝祂的同在。我也不是在暗示，只有那些走過深水烈火的人才能感受到豐富的人生。我要說的是，上帝存在於我們生活所有的層面，包括了悲劇的層面。祂的同在可以把最愁苦的經驗轉化為敬拜讚美的機會。

在一天之內，約伯失去了所有的一切：他的僕人、他的牛羊牲畜、他的財富和他所有的孩子。「約伯便起來，撕裂外袍，剃了頭，伏在地上下拜，說：『我赤身出於母胎，也必赤身歸回；賞賜的是耶和華，收取的也是耶和華。耶和華的名是應當稱頌的。』在這一切的事上約伯並不犯罪，也不以神為愚妄。」（約伯記一章二十至二十二節）[11]

循著這同一條思路，讓我們來看看理查・艾克思利（Richard Exley）有什麼看法：

我們敬拜上帝，不是因為我們失去了所愛的人，而是，不論是否經歷哀慟，我們都一樣地敬拜祂。我們並不是因為人生的悲劇而讚美祂，而是，我們在人生的悲劇中也一樣讚美祂。就像約伯一樣，在人生的風暴中我們聽見了上帝的聲音（約伯記三十八章一節）。就像使徒們在小船裡遭遇了海上的風暴，我們也在晚上四更時分，看到耶穌從海面上向我們走來，我們聽見祂說：「你們放心，是我，不要怕！」（馬太福音十四章二十七節）

如果你已經有個年紀，那麼，你大概已經發現，人們對人生的逆境會有不同的反應。同樣的悲劇讓某些人變成更好的人，卻讓另一些人變得更糟糕，而且充滿苦毒。為什麼會有這樣的差別呢？這和他們「生命的源頭」有關係。內在生命的源頭是你操練過屬靈的紀律才產生的，如果在陽光照耀的日子裡，你沒有習慣去敬拜讚美上帝，那麼，當黑暗的日子來臨的時候，你也不會去敬拜祂。如果，你在平日沒有與上帝親近，那麼到了困難降臨的時候，你很可能根本不知道怎麼去尋找祂了。依照這同樣的道理，如果你在平常就規律地敬拜讚美祂，那麼，當你遇到人生重大困境的時候，你也無疑地會照樣敬拜祂了。[12]

你平日的敬拜經驗會幫助你挖深你的力量源頭，當世界在你周圍瓦解的時候，那源頭就會湧流出水來。在敬拜時，我們的重心與焦點不是人而是上帝。你是否發現，你的神學觀會影響你面臨重大失去時的反應呢？在哀慟中，你對失去的態度直接與你對上帝的了解和你如何敬拜祂有關。

我們常常把信仰套入公式，因為當我們對人生擁有某種預測性、規律性和保證的時候，我們會覺得很舒服，有安全感。同樣地，我們也喜歡把上帝套進公式裡，把祂創造成我們所喜愛的樣子，並且期待祂去做我們希望祂做的事。

然而，你我是無法預測上帝的作為的。在羅馬書十一章三十三節中，保羅提醒我們：「深哉，上帝豐富的智慧和知識！祂的判斷何其難測！祂的蹤跡何其難尋！」

上帝並不是不關心我們人類，或老在別的地方忙著，祂也不是麻木或喜歡懲罰人的上帝，祂是至高的掌權者，充滿了愛和理解。

坦白說，我自己也不完全了解上帝。關於發生在我生命中的許多問題，我也是到現在都還沒找到答案。但是，我知道，所有我們生命中的試煉、問題、危機和苦難，沒有一件不是經過上帝允許的。就如唐・貝克（Don Baker）在他《隱藏在痛苦裡的旨意》（*Pain's Hidden Purpose*）一書中所說的：

> 上帝允許我們受苦，這也許就是我們可以得到的唯一答案了。如果事先沒有得到上帝的允許，沒有任何傷害可以觸摸到我們。如果我不相信這句話，那麼，我就是不相信上帝有至高的主權。而如果我不相信祂的主權，那麼，我在天堂與地獄之間各種權勢的爭戰之中，就是完全無助的了。[13]

上帝允許苦難發生，是有祂的目的和原因的。祂容許苦難進入我們的生命，這個事實應該能幫助我們看到，上帝是宇宙滿有恩典的統治者。上帝是完全自由的，祂可以做任何祂想做的事，完全不需要向我們解釋，也不需要告訴我們為什麼。祂不欠我們任何東西。祂已經給了我們祂的獨生子和聖靈來拯救我們，堅固我們，並引領我們。當我們碰到問題和損失的時候，我們問：「為什麼？」但是，耶穌要我們去看那些問題和損失，而說：「為何不是？」

上帝允許我們去經驗的是生命的成長。上帝已然使用自然季節的變化來生產各樣的收成，祂也使用我們生命中的季節來幫助我們成長。有時候，陽光照耀著我們的世界，但是另外一些時候，暴風雨突然來到，然而，兩者都是必要的。上帝是無所不知的，祂完全知道我們所能承受的壓力有多大。哥林多前書十章十三節告訴我們，祂「必不教你們受試探過於所能受的。」但是，祂的確容許我們被試探，感覺到疼痛，並經歷苦難。祂不一定給我們那些我們需要或想要的東西，但是，祂會給我們那些幫助我們成長的經歷。

不久前，有一位女士來到我的辦公室尋求輔導。她幾個月前遭遇了一個重大的損失，而她的一個朋友在聽了她的故事之後，建議她應該為她所經驗到的感謝上帝，這讓她非常生氣。她激動地說：「我簡直不能相信她說出這種話！簡直太荒唐，也太不為別人著想了！我怎麼可能為這樣的事感謝上帝呢？這件事中斷了我整個生活！」她不斷地發洩著她的挫折。

過一會兒，我對她說：「我在想，她說那些話到底是什麼意思呢？」

「你指的是什麼？」她問。

「嗯，我想，她是在說你應該感謝上帝，因為這個損失本身是好的呢？還是她是要說，這件事給了你一個機會去改變自己，因此你該感謝上帝？她指的會不會是後面那個意思呢？」

她想了想，說：「喔……我不知道……」

我說：「我知道你的心靈受了傷，而你和你的家人都希望這件事沒有發生，但是，它已經發生了，這是無法改變的事實，你覺得你對生活失去了掌控。然而，換個角度，雖然你無法掌控未來會發生什麼事，但你可以掌控你面對所要發生的事，有什麼樣的反應。我要說的是，這是值得你去想一想的。」

事後，她真的開始思考這個問題，後來她也終於能夠感謝上帝在這段成長的過程中與她同在。她這麼告訴我：「有一天，我思考著所有我可以作的選擇，我可以依靠上帝，感謝祂，並且讓祂在我裡面做工，比起其他的選擇，這似乎要好多了。」

在哀慟之中，我們能夠期待怎麼樣的成長呢？羅伊．歐格維（Lloyd Ogilvie）在他的《何不接受基督的全人醫治呢？》（*Why Not? Accept Christ's Healing and Wholeness*）一書中，提出了那些我們在人生低谷中可以學到的功課：

第一，當我在谷中等候我禱告的答案時，我在上帝的恩典裡跨出了最大的一步。

第二，通常，在度過了極大的難關之後，我才能懷著感謝的心往回看，然後，我會領會到我從上帝那裡所得到的禮物。因此，我絕不會把我在低谷中所得到的——對上帝更深的信賴和信心，和那些風平浪靜、無憂無慮的生活交換。

第三，我渴望自己能夠去回想，在過去的困境中我與上帝所發展的關係，這樣，當新的低谷又出現時，我的第一個反應會是，先去為那我將要經歷並得到的成長和所結的果子感謝讚美神。我真心希望我的第一個念頭是：「主啊，我知道這個困難並不是祢送來的，但是祢允許了它發生在我身上，而祢將會用它來成就美事。所以，我全心地信靠祢，我的主！」[14]

雖然我們抱著這樣成熟的態度，但這並不表示我們可以免除失去所帶來的苦痛。事實上，當我們經歷苦難的時候，我們就像門徒在加利利海的小船，在暴風雨裡岌岌可危，我們被來自四方的的打擊包圍著，正當我們好像找到一些平衡的時候，另外一個撞擊又把我們打得七零八落。當年，門徒們在加利利海上掙扎，而現在，我們是在人生的海洋上掙扎，兩者都害怕翻船。我們所看到的是浪頭一個比一個大，我們非常害怕，但是，就像耶穌當年走向門徒的小船，今天，祂也走向我們，並說著同樣的話：「是我，不要怕！」（約翰福音六章二十節）

在賴瑞．理查茲（Larry Richards）的《過於傷痛而無法等候》（*When It Hurts too Much to Wait*）一書中，他說：

常常，當我們在等待的時候，烏雲逐漸地聚攏，我們感到天色再也不會明亮起來了，整個世界都變得黯淡和絕望。

但是，那越發黯淡的天空正在預兆著黎明，那些密密的雲層裡，正隱藏著上帝在我們身上的工作。在這個時刻，不論你感到多大的痛苦，都是一個最重要的關頭。

在那我們眼睛看不見，耳朵聽不到的地方，上帝就在那裡，祂在那裡做工。[15]

你也許感覺不到上帝在幫助你恢復，因為，你希望你「現在」就完全恢復。我們今天社會裡的「速成」觀念常常會讓我們扭曲對上帝的認識。我們埋怨已經等了好幾天或好幾個星期了，但是對上帝來說，祂的一天相當於我們的一千年，而我們的一千年對祂也只是一瞬間而已。上帝在隱藏的地方做工，雖然，我們可能因為看不到祂做工的線索而感到挫折，事實上，我們只是不知道祂的行動而已。讓我們看一看先知以賽亞是怎麼說的：「從古以來，人未曾聽見，未曾耳聞，未曾眼見，在你以外有什麼神為等候祂的人行事。你迎接那歡喜行義，記念你道的人。」（以賽亞書六十四章四至五節）

上帝對祂所做的每一件事，以及何時去做那件事，都有祂特別的原因：「耶和華說：『我知道我向你們所懷的意念是賜平安的意念，不是降災禍的意念，要叫你們末後有指望。』」

（耶利米書二十九章十一節）允許你自己這樣的態度：我不需要知道上帝在做的是「什麼」，也不需要知道「為什麼」，或「何時」才會發生。即使你覺得自己好像在翻騰的海上漂流，上帝其實正抓著你的手，並且知道你會漂往哪個方向。允許你自己去等候上帝，這將會給你帶來希望，不管上帝要求我們等候幾個星期、幾個月，甚至幾年，在那段時間，當我們找不到答案或解決方案的時候，祂仍一直與我們同在：「耶和華啊，我仍舊依靠你。我說：你是我的神。我終身的事在你的手中。」（詩篇三十一篇十四至十五節）

如何在生活裡發展出那奠定在聖經觀點的力量，大概可以用這句經文來概括：「我的弟兄們，你們落在百般試煉中，都要以為大喜樂；因為知道你們的信心經過試煉，就生忍耐。」（雅各書一章二至三節）

當然，在我們看了這句經文以後點點頭說：「嗯，有道理。」是很容易的，但是，要真的把它活出來，就不是那麼輕而易舉了。

這個「以為」到底是什麼意思？它指的是我們內在的心志和態度，它可以載舟也可以覆舟，換句話說，它可以讓生命中的困境對你有利，也可以對你有害。這句經文還可以用另外一個方式來翻譯，就是「下定你的決心，歡迎困境的到來，並且心存喜樂。」

你面對困境的態度如何，全看你自己怎麼去作決定。你可以抱著消極的態度，說：「這真是太可怕，太令人沮喪了，這是我這一生最不能接受的事情。為什麼是現在發生呢？為什麼又會發生在我身上呢？」另外一種去面對困難的態度是：「我完全沒想到會發生這種事，但是，它已經發生了。我可以看到重重的困難等在前面，我要如何從這惡劣的環境中產生出好的結果呢？」絕對不要去否認你堅忍下去時可能會受到的傷害和痛苦，只要不斷地問自己：「我能從這裡學到什麼？這情況如何能夠幫助我成長？我又如何能利用這個困境去榮耀上帝呢？」

「以為」這個詞的時式顯示出，這是一個「決定性」的行動，這不是一種放棄的態度——「哦，我只能放棄了，我被卡在這個問題裡，這就是我的命運。」如果你就這樣放棄，那麼，你就會讓自己窩在沙發裡，不再去作任何努力。事實上，這個詞的時式是在說，你必須對抗你的習慣傾向，不要將困境看成是負面的力量。不錯，在你堅忍的過程中，你可能會有所懷疑，但是，你要經常提醒自己：「不，我相信的確會有較好的方法來面對這個問題。上帝啊！我真的需要你來幫助我，讓我從不同的角度來看這件事情。」然後，你的心志會跟著轉移，接著，你會產生比較有建設性的反應。通常，為了保持這種樂觀的態度，你需要對自己下很大的功夫。

上帝創造我們的時候，就給了我們自由意志和能力，讓我們在碰到人生突發事件時，能決定我們要如何反應。你可以由衷地希望某件事從未發生，但你無法改變那已發生的事實。

當我們面對危機和困難的時候，就像生命中任何時刻一樣，穩定的力量都來自上帝，而不是別的地方。聖經上如此說：

惟有上帝能照我所傳的福音和所講的耶穌基督，並照永古隱藏不言的奧祕，堅固你們的心。（羅馬書十六章二十五節）

他又對他們說：「你們去吃肥美的，喝甘甜的，有不能預備的就分給他，因為今日是我們主的聖日。你們不要憂愁，因靠耶和華而得的喜樂是你們的力量。（尼希米記八章十節）

你一生一世必得安穩，有豐盛的救恩，並智慧和知識；你以敬畏耶和華為至寶。（以賽亞書三十三章六節）

是的，恢復是可能的。上帝要我們從哀慟中恢復，而祂也提供了我們恢復的途徑！

療癒練習題

一、當你經歷失去的痛苦時，你對上帝曾提出過什麼疑問？

二、請讀以下的經文，並回答下面的問題。

我想，現在的苦楚若比起將來要顯於我們的榮耀，就不足介意了。受造之物切望等候上帝的眾子顯出來。因為受造之物服在虛空之下，不是自己願意，乃是因那叫他如此的。但受造之物仍然指望脫離敗壞的轄制，得享上帝兒女自由的榮耀。我們知道，一切受造之物一同嘆息，勞苦，直到如今。不但如此，就是我們這有聖靈初結果子的，也是自己心裡嘆息，等候得著兒子的名分，乃是我們的身體得贖。我們得救是在乎盼望；只是所見的盼望不是盼望，誰還盼望他所見的呢？但我們若盼望那所不見的，就必忍耐等候。（羅馬書八章十八至二十五節）

既是這樣，還有什麼說的呢？上帝若幫助我們，誰能敵擋我們呢？上帝既不愛惜自己的兒子，為我們眾人捨了，豈不也把萬物和他一同白白地賜給我們嗎？誰能控告上帝所揀選的人呢？有上帝稱他們為義了。誰能定他們的罪呢？有基督耶穌已經死了，而且從死裡復活，現今在上帝的右邊，也替我們祈求。誰能使我們與基督的愛隔絕呢？難道是患難嗎？是困苦嗎？是逼迫嗎？是飢餓嗎？是赤身露體嗎？是危險嗎？是刀劍嗎？如經上所記：「我們為你的緣故終日被殺，人看我們如將宰的羊。」然而，靠著愛我們的主，在這一切的事上已經得勝有餘了。因為我深信，無論是死，是生，是天使，是掌權的，是有能的，是現在的事，是將來的事，是高處的，是低處的，是別的受造之物，都不能叫我們與上帝的愛隔絕；這愛是在我們的主基督耶穌裡的。（羅馬書八章三十一至三十九節）

保羅所說關於生命的問題與患難是指什麼？

以上經文中所說的盼望是根據什麼？

根據以上的經文，上帝是怎麼樣的一位神？

三、敬拜上帝為何能幫助你從哀慟中復原？是什麼原因使得此刻的你，難以敬拜上帝？

四、以零到十來分級，現在的你離雅各書一章二至三節所說的有多遠？

五、關於你最近一次的失去，你學到了什麼？或者你希望從中學到什麼？

你如何從失去的經驗中成長？或者你希望可以從中得到什麼樣的成長？

你將如何以自己的經歷來榮耀上帝？

第九章

失去了自我認同——我是誰？

現在我還剩下什麼呢？我會變成什麼樣的人呢？我覺得非常空虛，不知何去何從。

她坐在對面的沙發上，給人一種孤寂的感覺，她臉上的表情反應著在她內心翻騰的失落感。過了一會兒，她開始把那些思潮用話語表達了出來：「我一直以為我知道自己是誰？也始終把自己看成是個很能幹的人。我的職業生涯很光彩，給了我很高的社會地位，過去，我一直引以為榮，但是，現在，所有那些都好像不重要了。我的工作不再給我滿足感了。以前，如果人家問我：『你是誰？』我會給他們一個很好的答案，但是，那都和我在公司裡的職位有關係。有趣的是，當時，我還覺得那個回答比我原來的好得多，因為，年輕的時候，我注重的是我的外表。我知道自己的美貌很吸引人，我也在身材和衣著上下了很大的功夫，好盡量延長我的青春。然而有一天，我終於發現，不管我再怎麼注意外表，總有一天，年紀仍會顯出它的痕跡。到那時，我還剩下什麼呢？我會變成什麼樣的人呢？於是，我投身到我的事業裡去。但是，現在，我又陷在同樣的泥沼裡了，我真的不清楚我是誰，我覺得非常空虛，不知道何去何從。」

你是否也曾經卡在那裡呢？在那無底洞裡，不知道自己究竟是誰，也無法找到任何答案？當這種情況發生時，你會陷入恐懼，因為，我們每個人都需要某種生命的意義，而且需要知道自己是誰。

我們當中任何人都可能掉入這種情境——不知道自己是誰，然而，這種「自我認同的危機」是可以預防的。對，這是可以預防的。許多失去自我認同者的問題在於，他們過去所建立的自我形象，在基礎上是有問題的。

我們常常有種錯覺，以為尋求自我認同是青少年時期的事，一旦進入成年，這種尋求就結束了，其實不然。你不妨花點時間想一下這個問題，你的自我認同是建立在哪些基礎上面？難道你不是用你所做的事或工作來認同你自己嗎？難道，你不是把自己的認同建立在你把感情放在什麼人身上來定義你是誰嗎？或是，你是不是以自己的出生背景，或者宗教、政治背景，來定義你自己呢？還有，你是不是把自己的容貌當作你唯一的自我認同呢？不用說，這些都是人們典型的傾向，事實上，如果我們是活在一個靜態的世界，在那裡，所有的事件都是可以預料的，那麼，以上這些自我認同的基礎都無所謂。問題是，我們的世界並非如此，而我們所遇到的事，絕大部分都是我們無法掌握或預料的。

現在我們不妨停頓一下，試試看用寫的方式來回答這個簡單卻又複雜的問題：「你是誰？」然後再繼續讀下去。

你寫下了什麼呢？你是否發現，你是在用你生活中的某個角色來回答這個問題呢？通常，我會聽到這樣的回答：「我是個男人」，「我是個父親」，「我是個醫生」，「我是個工程師」，「我是個牧師」，「我是個寡婦」，「我是個顧家的人」，「我是個運動健將」等。但是，如果你不能把「你所扮演的角色」當作你的自我認同，你又會如何描述自己呢？

在我所辦的一場研討會裡，我讓許多參加的人面臨很大的挫折感，因為，我要他們對周圍的人介紹自己，但是不能和他們的職業或工作有關。其實這只是一個很簡單的限制，但是，絕大部分的人都非常狼狽，不知道如何描述自己是誰。

如果我們的自我認同不是建立在一個堅固的基礎上，任何形式的損失或哀慟都會把我們推入自我認同的危機裡去。

如果你不再是個父親，那麼你是誰？

如果你不再是個工程師，那麼你是誰？

如果你不再是個牧師，那麼你是誰？

如果你不再是個顧家的人，那麼你是誰？

如果你不再是個運動健將，那麼你是誰？

如果你不再能走路或跑步，那麼你是誰？

如果我們除了自己在生活中所扮演的角色以外，就沒有別的自我認同，那麼，我們等於是在保證自己未來會發生認同的危機。幸好，避免這個危機是可能的。

在你所有的人際關係裡，哪些人是你會用來描述你的自我認同的？

想想你的外貌，你的自我認同是不是跟著你的外表上上下下？

再看看你的工作表現，你對自己的感覺是不是隨著你工作表現的好壞而浮動呢？

如果我們把自我認同建立在流動的東西上，那麼，當那些東西不見了以後，我們不但會經歷到很大的失落感，也會面對自我認同的危機。也許，這個發人深省的事實可以幫助我們去查驗，我們所建立自我認同的根基是不是單薄而不牢靠。

自殺和自我認同與人生重大的失去有著直接的關係，在美國全國性的統計中，每十萬人當中，有十二個自殺的案例。[1]但是，注意一下年長的男性族群：當他們達到六十五歲的時候，自殺數字突然增高。在六十五歲到七十四歲年齡層的男性，每十萬人中約有三十八人自殺；至於七十五歲到八十四歲的年齡層，每十萬個男性當中約有五十七人自殺。為什麼他們到了六十五歲以後，會有這麼高的自殺率呢？

答案就在自我認同的問題上，其中，最大的因素是他們失去了過去所習慣的工作。「退休」這個字眼會讓很多人產生混雜的情緒。「工作」對許多人來說具有多層次的意義，尤其是對男性。在今天，大多數女性也進入職場之後，也許，在不久的將來，我們也會看到類似的情況發生在女性身上。

有關「工作對我們的意義」這方面的研究，在過去半個世紀還沒有出現什麼新的發現。

羅勃・海文赫斯特（Robert Havinghurst）在一九五四年的觀察研究，仍舊可以應用在今天的社會。很自然地，我們的工作提供了我們生活上所需要的金錢來源，但是，除此之外，還有其他的因素促使我們去工作。當你讀著下面所列舉的因素時，不妨思考一下，你的工作和職業在你生活中占著什麼樣的地位。

很多時候，我們的工作和職業給了我們自尊和某種自我價值感。當我們在工作上得到某些成就感之後，我們的自尊也會跟著增加。工作表現成了我們自我認同中的一部分，於是，我們對工作的投入並不只是為了得到經濟來源，雖然很多人會堅持，金錢是他們工作的主要動機。如果你的工作是需要長期委身之後才見效果的，例如你所負責的事項需要三年才能完成，而在這三年之中，你並不能拿出什麼業績，那麼，你的感覺會是什麼呢？或者，你的工作屬於銷售業務方面，每個星期或每個月你都要報告營業額，好與其他業務員競爭，在這種情況下，你的感覺又是怎麼樣呢？像這一類的情況，某些人會把他們的自尊每星期都送上雲霄飛車，而他們的自我認同也就跟著上上下下，極其不穩定。

在這一方面，你定位在哪裡呢？你可以用這個0到10的尺度，來審視你的自尊與工作之間的關聯。

0……………5……………10
工作不是我的自尊基礎　　中點　　工作是我的自尊基礎

工作環境也是我們社交生活的一個來源，在那裡我們遇見各種不同的人，而其中一些會成為我們的朋友，與他們之間的社交關係也漸漸形成。我們的工作崗位幫助我們發展出我們的社交網，而且，在工作期間也會發生各種社交關係。問題是，一旦你不在那個工作崗位了，你的生活會發生什麼樣的變化呢？你能把你的朋友帶走嗎？你和他們交往的次數是不是還是和以前一樣頻繁？他們會想到打電話給你嗎？還是，你會需要主動跟他們聯絡？如果你的自我認同和這些工作場合的社交關係密切關聯著，那麼，當那些關係漸漸枯乾以後，你會有什麼樣的感覺呢？

有二十幾年，約翰都在同一所學校工作，他是一位幫助孩子過街的導護人員，所有的孩子和他們的父母都很喜歡他，也把他當作朋友。在他退休的前兩年，事實上，他所導護的孩子當中已經有些是他早年導護孩子的子女了。終於，約翰的體力不再允許他繼續這份工作。

「我好想念那些孩子，」約翰說：「在工作之外，我沒有什麼人際關係，但是，在工作期間，我每天都有兩次會看到那些孩子，我和他們講話，也認識了他們的家人。即使在不需要工作的時間，像聖誕節的時候，我都會收到他們的卡片和禮物。那些孩子就是我生活的全部，他們是我的家人，也等於是我沒有血緣關係的孫子孫女。現在，我不能每天到那個街頭去和他們見面了，這使我感到非常寂寞。」

你的情形是如何呢？你的自我認同是不是也像約翰一樣，是奠定在工作場合的人際關係上呢？如果是，這兩者的關係又是如何地密切？用下面這個0到10的尺度，來審視你的自我認同與工作之間的關係。

0……………………5……………………10

人際關係不是我的自尊基礎　　中點　　人際關係是我的自尊基礎

你的工作崗位也可能是你社會地位的來源，你公司的名號，你辦公室的大小，辦公室的位置是否靠近總裁的辦公室，你是否有祕書幫你料理雜務，你在公司的頭銜是什麼，還有，公司是否配了部車子給你（哪個型號的車子）——所有這些因素，都會影響到你的社會地位。很自然地，許多人就把他們的自我認同建立在這種種因素上面。

在今天這個急速變化的經濟環境裡，已在進行的戰爭，以及可能發生的新戰局，加上，由於世界因交通運輸的發達而成了「地球村」，國外貿易的侵入影響到本國的經濟和就業情形等等，我們發現，今天幾乎沒有一份職業或工作具有絕對的永久性。一個小小的經濟不景氣，你的公司就可能把你的車子收回，原本那寬大的辦公室也不是你的了，而你的業務所涵蓋的地區也被重新規劃而縮小了，然後，他們把你的頭銜改成一個模稜兩可，而且毫無意義的新名詞，這時，你的感受又是如何呢？所有你在這些變化中的損失，都會讓你感到十分無助，特別是，如果其他人都知道你在公司裡被削掉了什麼的時候，那種沒面子的感覺簡直就是雪上加霜。評估一下你的情況，你在工作環境的特別地位對你的自我認同有多大的影響。

0	5	10
工作不是我的地位和認同的來源	中點	工作是我的地位和認同的來源

對大部分的人來說，工作還有另外一層意義，那就是，它讓我們有一個「表達自己」的機會，你可以實現你的某些理想，可以發揮你的創造力，並且增加你的人生經驗。對這類的人來說，退休不是他們願意去面對的，正好相反，退休簡直是一個他們想要逃避的敵人。就像某人說的：「我退休之後，裡面開始枯乾，而且覺得自己好像在發霉，那些我可以表達自己的通道

全被堵了。」

工作是不是你用來表達自己的一個管道呢？如果是，在你退休之後會是什麼樣的光景？也許現在是你給自己一個評估的時候了。

0 ……………………… 5 ……………………… 10

0	5	10
工作不是我表達自己的管道	中點	工作是我表達自己的管道

對某些人來說，工作是他們服務他人的機會，我們可以馬上想到一些職業是以服務他人為主的，但是，「服務」基本上也是所有職業的一部分，因為，服務他人其實和我們所抱持的態度和動機有關。對某些人，服務他人是他們一生的呼召，所以，他們會尋找那些可以提供他們這種機會的工作，然而，在他們退休之後，這個管道就被切斷了，他們將如何處理這個損失呢？對某些人來說，這是很大的打擊，但是對其他人來說，並不是什麼問題。為什麼？是什麼造成這種分別呢？也許，評估一下你對自己工作的想法，會有所幫助。想一想，你在工作崗位服務他人的成分有多少？

0……………5……………10

工作不是我服務他人的管道　　中點　　工作是我服務他人的管道

最後，對大多數的人來說，工作只是填滿時間的一種方式，他們藉此對付生活中平凡和單調的一面。如果你把他們的工作拿走，他們就會覺得生活簡直毫無可取之處。某些職業似乎是設計好了，來滿足這一類的工作態度，但是，假使工作對他們來說只有這個功能，當他們到達退休年齡或因為健康問題而必須退休時，他們會是什麼狀況呢？這也是一種損失。你的工作是不是只是用來填滿你的時間表呢？給你自己在這最後一項也做一個評估，然後，重新審視一下所有這六個有關工作的元素。你的答案是否告訴了你，你的自我認同的來源是什麼？

0……………5……………10

工作不是我用來填滿時間的方式　　中點　　工作是我用來填滿時間的方式

對那些把自我認同建立在工作的人來說，促使他們失去認同的因素並不一定跟工作終止有關。這也可能發生於在職的人身上，因為，當他們原本對工作懷抱的夢想化成了泡沫的時候，他們的認同就會發生問題。一名很有才氣又有衝勁的年輕女演員，在演藝圈裡非常成功，但是，在她經驗到那個圈子裡的膚淺、操縱和謀算之後，她原來的夢想可能就破滅了。在「和平工作團隊」（Peace Corps）裡的年輕人，可能一開始充滿了理想，企圖改進一個原始部落的生活，但是到後來，他們終於了解他們是無法達成那個任務的，於是，他們的理想也破滅了。

我在第八章所提到的「空巢期」是一個耐人尋味的人生適應階段，對許多夫妻來說，空巢期會造成很大的失落感，他們會感受到許多複雜的情緒，就像傳道書三章一至八節所列舉的人生各種感受，那是一個混合了哭泣、歡笑、哀慟、醫治、愛、釋放、失去和釋懷等複雜情感的時期。在空巢期裡，整個房子裡的氣氛都改變了，你需要作的選擇少了很多，家中的混亂和噪音也不見了，你的採購清單短了，廚房也沒那麼忙了，連你的時間表都不一樣了。

我有好幾個親戚都生養許多孩子，他們住在自己的農場上。那些媽媽們習慣每天煮大量的食物，供應一大家子的孩子，但是，那一天終於來了，她那個「大廚」的角色不被需要了，於是，她需要尋找一個新的人生角色。然而，她那份需要給了她新的壓力。過去，孩子們對她的需要所給予她的滿足感，現在必須從別的方面去尋找了。有時候，一些夫妻在面臨空巢的時候，會同時遭受其他方面的損失，因為他們開始把重心轉向彼此，以填補生活的空洞，然而，由於這種需要太過強烈，可能使得對方開始逃避，於是就更深地感到被拋棄了。

如果夫妻之間平常需要以親子關係來增進他們的連結，那麼，當最後一個孩子離家之後，他們的婚姻關係可能會發生問題。如果這個太太的自我認同多半是建立在「母親」這個角色上，她就更會覺得被遺棄，不被愛，不被重視，甚至陷入憂鬱的狀況。而如果，她曾經為了孩子而放棄了自己的職業生涯，這時候，她可能會對整個人生產生很大的嫌惡感。

空巢期也會影響到父親，一個小女孩在六歲的時候可能是「媽咪的小女兒」，但可能在成長過程中漸漸成為「爸爸的好朋友」。當她離家之後，作爸爸的可能感到極大的虛空，並頓時發現，時間過得太快了，他的整個人生好像都快跟他揮手告別了。

一個多年來把自我認同建立在事業上的男人，可能在中年時期面臨工作上的一堵死牆而無法前進，現在，他終於發現一個事實，那就是，他在有生之年根本無法實現他的夢想。但是，對於那些順利實現了事業理想的男人，他也可能在「達成」之後，說：「就這樣嗎？應該還有更多更好的感覺呀，怎麼就只是這樣呢？」他覺得好像被自己騙了，而一種失望的空虛感籠罩了他整個人。男人當中，那些生活孤單而沒有男性朋友的人，從來沒有學會如何表達他們的感情，而如果他們又把自我認同建立在工作上，就會成了陷入「中年危機」的最典型男性。

所有的男人都會走過中年的過渡期，但不一定要發生「危機」，因為在這段時期，他們也可以發揮某些潛力而得以成長，他們也可以開始摸索新的人生方向並建立新的生活方式。在這段時期，應該好好評估自己，提出有關人生的問題，最終，你會發現更進一步的人生目標。

今天，許多女性也把她們的自我認同建立在工作表現或母親的身分上，她們當中許多人也開始面對突如其來的虛空：「什麼？人生就只是這樣嗎？」她們也開始面對工作表現和容貌的消退，而孩子也逐漸離開她的羽翼。很不幸地，今天很多關於「中年危機」的研究都著重在男性方面，而沒有提及女性所遭遇的問題，因而，女性在這方面所得到的輔助也比較少。

生命的實質是由夢想和欲望所構成的，我們需要它們，我們的社會也需要它們。由於夢想，人們才有生命的動力去發現新事物，也才會感到有了某種目的。正因如此，當一個夢想破滅之後，人們會產生很大的虛無感。

我們常常以為，夢想是年輕人的事。記得你當年所懷有的夢想嗎？也許，它和你後來選擇的職業有關，或和你希望賺多少錢有關，也或許，你的夢想和發揮你的創造力有關。許多年來，我一直希望能夠住在森林附近，好讓我充分感受到四季的變化。這個夢想的一部分在我五十歲的時候實現了，但是，期間所走的途徑完全不是我原來預料的。

高中的時候，我和我的朋友會分享我們對未來的夢想，現在，當我回想我們所提過的夢想時，我發現，那些夢想大概分兩大類：實際的夢想和不實際的夢想。你的夢想又是什麼呢？其中有沒有已經實現了的？是不是有哪些你已經放棄了？你現在的夢想又是什麼？當人進入中年，會面對一個冷酷的事實，那就是，他們的某些夢想是不會在有生之年實現了。

在我的辦公室裡，我常常聽到人們談到他們的夢想。其中有些是可以達到的，但另外一些只能說是幻想，是不可能在真實世界實現的。不知道有多少次，我聽到作太太的說，她的夢想就是有一個快樂圓滿的婚姻，但是，那個夢想在她先生離開家庭以後，完全破滅了。

我們的年紀越大，夢想就越少，因為我們的精力和時間開始銳減，甚至也不太想去夢想了。對某些夢想說再見，其實是在幫助我們做個比較實際的人。裘蒂絲・菲斯特（Judith Viorst）在她那本《必要的失去》（*Necessary Losses*）一書中就談到了這種應該放棄的夢想，她描述當我們步入中年，面對夢想失落的狀況：

> 也許，我們會覺得，在這段時期裡我們好像一直在放手某些東西，一個接著一個放掉——放棄了我們的小腰身，放棄了我們的活力，放棄了過去的冒險精神，放棄了完美的眼力，放棄去相信這個世界最後一定會有正義，放棄了我們的誠意，放棄了喜歡嬉戲的心情，放棄了成為一個網球明星、電視明星或一個參議員的夢想，或是，放棄成為異性緣十足的神祕女郎。我們放棄了以前發誓一定要看完的書，放棄了那些發誓過一定要去遊玩的地方，放棄了把世人從癌症的魔抓中救出來的心願，我們甚至放棄了減肥，或維持青春。[2]

吉姆．康偉（Jim Conway）指出，男人在中年危機當中也有同樣的問題：

一個男人用什麼方式去評估自己過去的成就、希望和夢想，可以決定他未來的日子是欣然接受挑戰，還是拖著疲憊的步子走完無聊的餘生。不管是哪一種情況，他都處在一個脆弱的狀態，因為，所有他過去沒有經驗到的情感都集結在這段期間了。[3]

放棄夢想是一件容易的事嗎？絕對不是。夢想給予我們希望和靈感，它們也許不像一部撞壞了的車子那麼具體，但是它們是很真實的。

你是否想過，你的自我認同是如何與你的夢想相互交織起來的？如果把你的夢想都拿走，那麼剩下的你是誰呢？那些失去的夢想是如何影響你現在對自己的看法呢？當你放棄一個夢想，就等於被迫去面對一個事實：你不但沒有能力完成那個夢想，你的人生也所剩不多了，事實上，再過不久，你就不在這個世界上了！地上的日子都有結束的一天。

並不是所有我們的夢想都有深奧或特殊的意義，我從小就玩樂器，我彈鋼琴，吹豎笛和低音豎笛，還有薩克斯風，從小到大，我有很多在樂隊和交響樂團裡演奏的愉快經驗，但是不知道為什麼，我一直都想要吹奏長號，那是我的一個夢想和渴望，尤其是當我聽到一些很優秀的長號手吹奏的時候，我特別感到躍躍欲試。

在我四十八歲的某一天，我想到自己關於吹奏長號的夢想，我問我自己：「好啦！現在還有什麼事阻止你吹奏長號呢？」然後，我回答自己：「什麼都沒有。」於是，我就去找了一位教長號的老師，租了一只長號（後來我還是去買了一只），接著就上了好幾年的課。後來，因為幾個原因，我停止了那門課。畢竟，我已經學了夠長的時間，可以吹出曲調了，算是達成了夢想——事實上，在我練習的時候，我家的狗不再呻吟著跑出房門，對我就是一個很大的鼓勵了！

然而，除了得到那份滿足感，還有一個實際的問題逮住了我：你想要做什麼呢？在我那個年紀，我嘴唇的肌肉不像小時候就學吹長號那樣地活絡，另外，我每天也沒有那麼多時間能像一個孩子那樣專心投入，達到爐火純青的地步。當我把這些因素集合起來思考，我就決定停止練習了。雖然，在吹奏長號方面，我並沒有達到我所希望的程度，但是，我其實已經完成了我的夢想。這是一個當我們逐漸年長的時候，需要去面對的一種篩選夢想的過程。

年齡漸長並不表示我們的夢想都得壽終正寢。夢想可以修改，可以調整，還可以重新設計，去配合我們現在的生活狀況和能力。我曾經遇到過許多人，在他們五十歲、六十歲、七十歲都還保持他們的夢想，而且還實現了出來，這些人就是存活者。[4]

夢想的消失會讓我們憂心，因為，這表示我們正從社會偶像群（青春）掉到被容忍（老年）的族群。雖然整個美國的形貌開始「灰白」（壽命的增長使得全國的平均年齡上升），但是，逐漸老化的年齡層仍是「被社會容忍」而不是被大家追求的。史考特．舒藍德（R. Scott Sullender）把這種現象剖析得很透徹：

> 在今天的美國社會，「老年」包含著負面的涵義，而「青春」卻散發著正面的氣息。一般人把「老年」看成是不時髦、沒用的和過期的。老舊的電氣用品被搬開，老舊的衣物被丟棄，老舊的科技被最新的取代。這是一個喜歡淘汰的社會，任何東西變得老舊以後，就應該被丟掉。難怪老年人會覺得他們也跟著被淘汰了，沒人要聽他們充滿智慧的話語，他們被主流文化推到了邊緣，他們現在是社會裡沒用的，被丟棄的東西。[5]

為了身心的健康，我們應該處理破滅的夢想所帶來的失落感，然而，今天許多人不但不願面對青春已過的事實，他們也從未處理失去夢想的痛苦。誰有那個主權去強迫我們相信青春是最好的？每一個生命的階段都有它正面和負面的地方。否認老化就等於否認上帝所創造的生命過程，我們也許不喜歡這段過程，而如果讓我們來負責人類的創造，我們大概不會像上帝如此設計，但是，我們必須面對一個事實，那就是，我們越去否認老化，我們就越感到無力去控制任何事情。

在人生各種的失去裡面，從青春到中年到老年的變化是一個漸進的旅程。很多時候，你在日常生活中根本不會感覺到什麼變化，但是，其他的時候你會忍不住叫喊出來：「我一定老了很多！」你的身體會坦白告訴你這個事實，而當你每次發現自己老化的過程時，你就應該退一步，從上帝的眼光來看生命的過程，這能幫助我們坦然處理其中的變化。如果我們在每次感受到老化時，就去處理隨之而來的失落感，就能感到自己充滿了生命力。想一想這段智慧之言：

我們不應該「向未來借貸」，讓自己陷在恐懼裡，而不去面對下一個生命階段。我們也不應該活在過去，把已經過去的青春當作「偶像」來崇拜。我們應該完全地活在現在，享受現在的生活，重視和珍惜現在的日子，在目前的這個階段裡尋找上帝的同在。然而，如果要能夠充分地活在現在，我們必須經常「讓過去成為過去」，其中最顯著的就是，每隔一陣子我們的青春就像小鳥一樣地飛走了。6

不管你現在年紀多大，跟著我一塊兒想一想你的未來。在你退休的時候，你將會在生活裡經歷到哪些虛空？重新考慮一下我們談過的幾個方面：

- 失去自尊
- 失去社交生活
- 失去地位和尊榮
- 失去表現你創造力的機會
- 失去服務他人的機會
- 失去填充你時間的東西

在這幾項當中，你會懷念哪些呢？

每個人在退休時所感受到的失落都不一樣，我曾經見過對所有六個項目都感到失落的人，而另外也有一些人特別在乎前面兩三項，或後面三項，但是也有人根本不覺得有什麼失落的。為什麼會有這麼大的差異呢？這是不是也表示，其實，這一類型的失落感也是可以避免的呢？是的！它們是可以避免的。

這些差異，與你對工作的依賴度有直接的關係。在我的工作經驗裡，我看過各式各樣失去工作的人，有的是被炒魷魚或裁員，有的是因為身障，有的是因破產，還有的是因為退休。不管他們失去工作的原因是什麼，當中有些人簡直到了無法活下去的地步，但是另外一些好像根本沒有什麼影響，這完全取決於他們把工作看得有多重要。

我們人類有種喜歡崇拜偶像的毛病，我們會去創造一些偶像，然後讓自己的生活圍著它們團團轉。對很多人來說，他們的身材和長相是一個偶像，對另外一些人來說，財富和資產是他們的偶像，對無數的母親來說，身為母親這件事成了她們的偶像，對很多其他的人，他們的工作和事業是他們的偶像。當我們允許任何一件東西成為我們的一切時，那東西就成了我們的偶像。

讓我們再深思「工作」這一項，我們的工作應該是我們用來表現「我們在上帝裡是誰」的一種方式，因為祂是那樣一位神，而我們是祂的獨生子所救贖出來的，所以，我們在祂的眼裡是值得愛惜的。我們具有某種價值、尊嚴及合宜的身分，因為上帝已經說了我們有這些性質。但是，許多基督徒以為是我們的工作給了我們價值、尊嚴和合宜的身分，但事實上，把它倒過來才對。

我們在工作上的「態度」，就是我們表現上帝看重我們的一種方式。

我們「能夠勝任」我們的工作，也是我們表現上帝重視我們的一種途徑。我們能夠有尊嚴地去做我們的工作，是因為上帝給了我們尊嚴的意識。成為信徒讓我們得以從事力所能當的工作，因為神說我們可以承當。我們完全不需要藉助工作讓自己覺得自己是可承當的。如果我們研讀經文，我們就會發現，我們是獨特的，也是有價值的，不是因為別的緣故，而是因為我們有這樣的一位上帝。

在整個人類的歷史中，我們使用了種種方式，想要讓自己覺得是有價值的，但是，所有這些努力都只有暫時的效果。事實上，除了上帝所說的以外，世界上沒有什麼是永恆的。如果我們能認識到這一點，那麼我們就可以預防在不能工作以後，感到自己全無價值。這個認識，也能預防我們在其他方面失去重心，不管是失去某種能力，年華老去，或失去某種地位等等。

如果你抱著這樣的信念——工作不只表現你，更彰顯上帝在你生命中的作為，那會對你和你的工作品質帶來多大的改變啊！

如果我們的朋友都是在工作場合認識的，除此之外沒有其他的來源，那麼，我們等於是被自己的工作囚禁了。我們需要擴大交友的範圍，才有機會去選擇適合我們的朋友，而不只限於工作環境的一小群人。當你擴大了你的社交圈，未來脫離工作環境時，就可以幫助我們避免失去朋友的痛苦。

那些不把社會地位限制在工作環境的人，由於有其他的出路，所以，當他不再工作之後，並不會覺得自己垮台了。我們都需要某種尊嚴和地位，但如果我們把它限制在「有時限的環境」，例如工作年齡，那麼，當時限到來，我們就會陷入危機。

你的創造力可以發揮在生活許多的層面，留意一下你周圍的環境，考慮所有可供你表現才華的機會。其實，許多機會就在你的眼前，其他的你只要尋找就會發現。詢問一下你的教會或你居住的社區，和鄰居交談一下，或去附近的圖書館查查資料，你很可能會有驚訝的發現。

服務他人並不一定要侷限在工作環境裡面，事實上，那些機會在工作之外可能還更多。不再工作並不表示你服務他人的機會就減少了。

我唯一感到有問題的，是用工作來打發時間的態度，因為，我們周圍有太多事情可以做了。我曾經和那些等不及要退休的人談話，我知道，他們在退休之後會比全時間工作還要忙碌，因為，他們有太多事想做了。

我們的價值、生命意義和創造力並不一定要限制在工作和事業裡。失去一份工作誠然是一種損失，但是，你可以把它看成是一個過渡期。不要讓失去的傷痛過了頭，如果你能把它看成是從一個機會過渡到另一個機會的話，你就會發覺新的方向和目標了。[7]

真正的問題不是「在你的工作環境裡，你是誰？」，而是，「在靈裡，你到底是誰？」真正的問題是：「你究竟是誰？」而答案是：「你是上帝的！你不屬於你自己，你是屬祂的。」

造成「失去自我認同」的因素有許多種，退休只是當中的一個。我們年紀越大，就越容易有這種認同的損失。在許多老年人所面臨的問題中，還有一項是，當他們把自己住了許久的房子賣掉的時候。

我的母親在一九一八年搬到了加州，她在好萊塢附近的山上蓋了她的第一棟房子。在後來的年歲，一直到一九七九年，她另外在那裡蓋了三棟房子，不過，那時她仍然保留了我長大的那棟房子。由於她等於是月桂峽谷的拓荒者，也因為她親手造了那些房子，並且保留了六十年，因此，她的自我認同和她的房子與那個社區幾乎是分不開的。當她最後必須把房子賣掉的時候，她就走上了自我認同的最後一步。她必須接受一個事實，她不再是月桂峽谷的居民或房屋擁有者了，她的自我認同轉化成了退休社區的一分子。

當你在一棟房子裡住了超過半世紀，搬家對你來說不只是從一棟房子到另外一棟房子而已，你在那棟房子裡扮演了許多人生的角色，經歷了許多重大的事件，你的歷史和那棟房子有種難以分割的關係，所以，不論搬家是自願的或是被強迫的，你的根都被拔了起來。

我們從老年人那裡常常聽到的是：「我在他們那個年紀的時候，做法才不是這個樣子。」新一代所帶來的變化也會造成認同的危機。過去，我一直不覺得我會有這種感覺，但是，我的確發現，那些我認為很重要的價值觀，正在現今這個世界逐漸消失。我注意到，現在許多人對許多事情都不像以前的人那麼投入或委身了，同時，在媒體的教化之下，老一輩要花二十五年才能辛苦累積下來的東西，今天的年輕人好像覺得，他們馬上就可以擁有。

我們可以從兩方面發覺到我們這一代的失落：一個是從社會本身的改變，另外一個則來自逐漸消失的友人和同儕。一旦過了五十大關，死亡的消息似乎變得非常頻繁。親朋好友的去世對我們來說是極大的損失，但是，你是否曾經把它們看成是「你自己生命中」的一個重大損失呢？他們的去世，或是搬家，會讓我們感到孤單和寂寞。我們面臨了人生必有一死這個事實，我們都需要有人與人之間的關係，但是，在他們走了以後，我們好像不太能找到別人來取代了。但是，如果我們的朋友不全是同年齡的人，而是各種不同年齡的人，我們可能就不會那麼容易被死亡的悲哀吞噬了。

哪些人是你的朋友？如果他們不在了，你的生活會變成什麼樣？其實，如果你和其中一位朋友發生問題而不再往來，那會是一件令人傷痛的事。我有七個要好的男性朋友，我和他們之間的關係各有不同，有事業搭檔，有釣魚同伴，也有打球的夥伴，每一個都不一樣。有的我每個星期都會見到，有的不常見，除非用電話聯絡。如果我失去他們當中任何一個，我生命的某一部分就會有一個空洞。

當你失去一位朋友的時候，你失去的不只是一個人，你還失去了你生活中的某種規律和你生命中的某一個角色。[8]

你的自我認同是建立在怎樣的基礎上呢？是不是建立在一個不會隨時間而被侵蝕的基礎上？如果我們的自我認同是建立在基督裡，我們便能從上帝的眼光來看我們自己——因為祂的緣故，我們是被重視，被愛，也被認可的，那麼，我們所經歷到的種種人生中的失去，都會變得比較容易面對和接受了。

今天，我們常常聽到，「信靠」是一件越來越難的事了，然而，我們就是被呼召去信靠的人，不是去信靠別人或我們自己，而是去信靠上帝。當我們信靠祂的時候，我們不但成了存活者，更是得勝者。這是聖經的真義，也是我們活著的真正意義。

療癒練習題

一、舉出三件事，說明你已經建立了自我認同。

二、你生命中關於失去的經驗，如何影響你的自我認同？

三、請填寫本書第二百一十五頁到二百一十九頁所提供的自我評量。從你的回答中，你是否看出你的自我認同與認同的來源為何？在你目前的人生中，你要如何更佳地建立自我認同？

四、你在過去的人生中，曾放棄過哪些夢想？這些如何影響你的自我認同？

第十章

我的日子還會像過去一樣嗎？——失去後的心理創傷

當創傷發生時，你的生活、意志、靈魂、尊嚴和安全感，都被破壞殆盡。你發現自己深陷絕望之中。

「創傷」——這些年來已成了美國生活的一部分，而創傷之後的哀慟是最難處理的。

在一九九六年七月二十八日的報紙上，我讀到了一篇有關愛麗絲的新聞。愛麗絲的姐妹告訴她，在亞特蘭大舉行的奧林匹克運動會簡直太美好了，於是，愛麗絲決定帶她剛滿十四歲的女兒去參加。

愛麗絲是一名電纜公司的業務員，在公司之外她還有自己的生意。她曾經在美國空軍服務，並且還是喬治亞州州內議員選舉的經理。不論是在她的社區或在她所住的城市裡，愛麗絲都是非常活躍和受人尊重的一號人物。當她聽說在星期五奧林匹克運動會結束後，還有一場音樂會，她就抓住機會去參加了。

不只是她，任何認識她的人都無法預料，才幾天的時間，她的照片會登在全美國的報紙和雜誌上。前一分鐘，她的生活還是完滿的，但是，下一分鐘，她的生命就消逝了。在亞特蘭大城中區的百年紀念公園，也就是舉行奧林匹克的地方，愛麗絲是那天爆炸案唯一喪生的人，另有三個人被炸彈的碎片擊傷，她女兒的一隻手和一隻腳都需要動手術，但幸好她活了下來，只是很不幸的，她會永遠活在這個創傷的影響和記憶之下。

恐怖分子的攻擊，從一九九三年世貿中心爆炸案，一九九六年奧林匹克爆炸案，到二〇〇一年九月十一日雙子大樓的崩塌，這些事件不再只是發生在遠方的故事，現在，我們必須面對生活中新型態的恐攻危機。我們都因九一一事件震驚不已，我們經歷了二十一世紀的恐怖惡行，美國人的整個生活永遠地被改變了，紐約市的居民這些年來仍然在承受著這個打擊的餘波，而由於電視銀幕上的大量報導，許多其他的人也經歷了間接性的創傷。

當你原來安全的世界被打碎的時候，創傷就發生了。你發現你沒有任何地方可以躲藏。這不應該是我們會遇見的事，但是，人類歷史上充滿了太多這類的可怕事件，聖經本身就有許多相關的記載。約伯在一瞬間失去了他所有的孩子，他所擁有的牛羊牲畜，甚至他的健康也被奪走了（約伯記一章十三至十九節）。在大衛的生平裡，他經歷了野獸、敵軍、掃羅王和巨人，有過許多與死亡交鋒的時刻（撒母耳記上十七章一至五十二節；十八章十至十一節、二十七節；十九章八節），他也在以色列的戰役中經歷了許多與敵人短兵相接的格鬥，並目睹了無數殘忍的屠殺。這些經驗改變了他的性格，也影響到他的家庭，他的女兒他瑪被同父異母的哥哥暗嫩強暴（撒母耳記後書十三章十至十五節），而後來他的兒子押撒龍為了替妹妹他瑪報仇，和自己的士兵刺殺了暗嫩（撒母耳記後書 十三章二十八節），最後，押撒龍也慘遭殺戮（撒母耳記後書 十八章九至十五節）。

在聖經裡也記載了群姦那樣的事件（士師記十九章）。約拿遭遇船難又被大魚吞進肚子裡去（約拿書一章十五至十七節）。保羅被群眾毆打，被關進監獄，又三次遇到船難（哥林多後書十一章二十三至二十八節）。更不用說，耶穌被釘十字架，這是人類史上最殘忍的酷刑。

二〇〇四年，在佛羅里達州發生的天災破了所有過去的紀錄——一百八十一個龍捲風和四個強烈颶風。但是，在二〇〇五年，我們再度經歷了美國史上數一數二的大災難，誰能忘記在颶風卡崔娜襲捲之後，那些無家可歸之人的慘澹臉孔呢？他們當中許多人失去了所有的一切。我曾經輔導過一些災後遷徙到我的城市的人，也輔導過一些繼續留在紐奧良的人，他們當中許多人幾乎無法開口說出在颶風中所經歷的恐怖經驗。

當我第一次以牧者身分去災區的時候，我必須承認，我簡直無法直視我的眼睛所看到的景象。不論我們在媒體報導上看到多少鏡頭，都不能完全捕捉到事實上的嚴重性，想要用語言來描述那裡的災情是不可能的。當你聽到整座城市有百分之八十被淹在水裡是一回事，但當你在災區開著市中心唯一一輛車在街上緩慢行駛，而放眼望去，所有的建築都被壓毀和瓦解的時候，你所感受到的就完全是另外一回事了。從最簡單的小屋到華麗的高樓，沒有一棟建築能抵擋卡崔娜的威力。我站在一座斷裂的水壩上，所看到的畫面和被原子彈夷平的景象沒有什麼分別。所有東西，即使沒有被夷平，也被扯裂和扭曲了。我到處都可以看到某些屬於個人的東西——一個相框，或一個碟子，我也看到很大的遊艇擱淺在內陸幾百碼的地方，龐大的鋼琴吊在窗口，車身不是平躺，而是金雞獨立地豎立在高牆上，所有這些曾經屬於某人的東西，沒有一樣是可以被修好的。照估計，經歷過卡崔娜颶風的人，五十萬成人可能會發生創傷後壓力症候群（PTSD）。三十七萬兩千個從幼稚園到高三的孩子，都和家人失去了聯絡，而這些孩子當中，百分之三十的孩子也會有創傷後壓力症候群，我們所有的人都被這個大災難所影響了。

英文的「創傷」（Trauma）源自希臘文，意思是「傷口」。我們可以用這句話來表達它在人們身上的影響：「我好像怎麼樣也過不去……」這種經驗不只發生在那些經過戰爭的人，我在許多其他人身上也看到過：一個目睹自己的女兒在車禍中被壓碎的父親，許多在童年受到性侵害的女性，還有一些曾墮胎的女性。我也在醫療救護隊員，軍中牧師、護士，和經歷過搶劫、車禍、強暴之人的臉上，甚至是在工作環境裡被恐嚇和騷擾過的人身上看見。在九一一事件之後，我又在許多紐約居民身上看到，更不用說那些從伊拉克回來的軍人，還有那些從卡崔娜颶風和瑞塔颶風存活下來的人身上了。

如果你看過牛仔競技，就大概知道牛仔是怎麼去追公牛的，他會騎著他的馬到那頭奔跑的公牛旁邊，在他所估計的一個非常準確的瞬間，從自己的馬背上跳到公牛身上，抓緊了公牛的兩隻角，用力把牠搏倒在塵土飛揚的地上。那些牛仔的訓練是，運用適當的壓力在準確的時間之內，把野蠻的公牛摔倒在地上。當你經歷「創傷」的時候，你就像那頭公牛一樣，被突發的事件摔倒在地上，你失去了對自己世界的控制，你無法相信那件正在發生且正在傷害你的事，你的宇宙變得瘋狂了。

我們過去所感覺到的安全世界不再安全了，那個過去可以預料的世界失去了它的可預料性。你像平常一樣，早上把孩子送到奧克拉荷馬市的育幼院，或到科羅拉多的高中，或者，跟你在世貿大樓上班的配偶說了再見，或者，送你的父親或母親去搭那架飛機，但你卻不知道那是你最後一次看到他們了。如果你像大多數的人一樣，那麼，你大概高估了你能躲過重大危機或創傷突擊的可能性，同時，你可能也低估了負面事件發生在你身上的機率。在一切都平穩的時候，我們很難想到可怕的事情會降臨在我們身上，也許，這許多的「錯覺」就是為什麼一旦遇到重大危機，我們會變得如此不堪一擊。

你對生命的信念是什麼呢？如果你遭遇了慘痛的創傷，你那些信念是不是還能站得住？在不幸之事發生在你身上之前，好好地考慮這些問題是很重要的。

如果你活在一個「我是無懈可擊」的心智狀態，創傷不但可以嚴重地傷害到你，也會輕易地毀掉你的信念，更可以開門讓恐懼進入你的生活。「無懈可擊」是一種幻覺，你不一定要成為奧克拉荷馬市的爆炸案，或「九一一」、卡崔娜颶風的受害者，才能了解我們過去所持的「無懈可擊」的信念是錯誤的。光是在電視或報紙上看到那些悲慘的鏡頭，就應該讓你從旁觀者的角度轉為與創傷有份的人了，我們所有的人都面對了那個瞪著我們的事實：「發生在那裡的事，也可能發生在這裡」。

在電視上，你可以看到新聞記者採訪幾位受害者，另外，我們還會看到悲劇性的畫面，如悼念的人捧著燭光追思，或受害者家屬講了幾句悲痛的話，接著，鏡頭又轉向另外一個悲劇。多半，那就是我們看到那些人最後的鏡頭了，他們的故事也許在我們的腦海裡回繞幾次，然後，我們就忘記了那些人生悲劇。但是，對那些受害者來說，事情並沒有結束，相反地，悲劇的後果才剛要開始，對其中某些人來說，那個後果會打擊他們幾年，但對另外一些人來說，可能會是一輩子的打擊。

也許，你會有這樣的疑問：「這些創傷事件蔓延的程度有多大？這些出於自然或科技上的災難，還有意外、犯罪、騷擾、侵害，以及戰爭所造成的創傷，整個來說，到底影響了多少人？」

在美國，有至少百分之七十五的人，曾經歷一些足以產生心理創傷的事件，而這些人中有百分之二十五會產生創傷後壓力症候群。[1]

你可能經歷了很大的損失，但是沒有產生創傷後壓力症候群。然而也有一些人，在經歷了重大創傷之後，不但沒有恢復，還會以為這就是「正常的」人生。當然，這個想法是歪曲的。

即使你並沒有在事件之後發生創傷後壓力症候群，但是，你可能認識發生這種情況的人，而你對創傷的了解，可以在適當的情況下幫助那人恢復，並給予支持。

肉體上的創傷會在兩方面影響受傷的人，一是肉體，二是內心。顯然地，當一個人身體的某部分遭受極大的暴力，他天然的身體防護，比如皮膚或骨頭，並無法抵抗暴力的撞擊，以致身體先天具有的醫治能力無法發揮作用，他只得從外界得到所需的助力。

當創傷發生在人的內心時，就不是這麼容易處理了。你的心理狀況可能被打擊到一個程度，使自己失去了原有的信念，你的生活、你的意志、你的靈、你的尊嚴和你的安全感，全都被破壞殆盡，你發現自己在完全的無望之中。在某些失去的情況裡，可能，你還有能力回復過來，但是在創傷之中，你失去了最後一絲彈力，因為創傷會使你失去現實感（這件事真的發生了嗎？）和存在感（我不知道我到底是誰）——創傷是無法形容的。

埃利．維瑟爾（Elie Wiesel）是諾貝爾得主，同時也是納粹奧許維茲集中營的一位存活者。九一一事件發生那天，當第一棟世貿大樓倒塌的時候，他和他的妻子正在曼哈頓區的計程車裡，他們後來回到自己家裡打開電視，看到當時的現場報導，他說：「我們看到最初所拍攝下來的畫面，覺得非常不真實，好像是超現實的東西，而且好像是聖經裡說到的可怕景象：巨大的火焰熊熊地燃燒，整棟大樓垂直地垮下來，然後，那兩棟世界著名的建築物就從地平線上消失了。我們當中許多人都驚駭到發不出聲音。在我一生中，只有少數幾次，我會陷入這種無言以對的狀況，而那是其中一次。」[2]很多天災之後的災民也都明白埃利・維瑟爾說的是什麼。

創傷所造成的後果之一是，它會在你腦中產生一種作用去影響你處理資訊的能力，以及你如何解釋所經歷的事情，同時，它也可能「重寫」你的記憶，「更改」你的警覺系統。創傷有能力打斷你吸收資訊的過程，因為，當你不能忍受事件的壓力時，你的生存本能會被啟動。[3]

大部分的人並不知道我們的腦子是怎麼運作的，我們的腦子裡有一個區域是專門發警報的，它會控制我們的行為。比如說，當我們看見一個身型壯碩的人，我們的腦子會馬上讓我們有一種警覺：「糟了，這個人會傷害我！」

但是，腦子的另外一個區域負責分析情境，並安定腦子所發的情緒波動，它會去分析事態，然後給你一個客觀的了解：「不對，雖然他很壯，但並不表示他一定會傷害我。他個子高大，應該很能吃。」這樣的腦部思考過程都是正常的。

創傷會使我們過份敏感，我們的腦子也會跟著過份活躍，好像車子的警鈴被觸動而無法關掉一樣，那種情況就彷彿左邊的腦子（思考部分）和右邊的腦子（情緒部分）之間的關係被切斷了。在正常的情況下，我們的身體、情緒和思想是彼此聯繫著的，它們會和諧地互動，相輔相成，但是，創傷會造成腦子的左右兩邊停止互通訊息。它隔離了兩方，於是，你可能有清晰的思路但卻完全沒有情緒，或者，你可能經驗到強烈的情緒但是沒有明確的思路或記憶。就像某人說的：「我覺得我的腦子好像分成兩半，一邊在傳送調幅 AM，一邊在傳送調頻 FM，而有時候好像我的記憶裡出現空洞，就像腦子被切了片取走一樣。另一些時候，某些記憶會闖進來，我阻擋不了，但我只想把它們扔出去！我想不起我想記得的事情是什麼，同時又無法除去那些我想忘記的事。」許多曾經歷過創傷的人都很熟悉這種奇異的狀況。[4]

你可能還有一個疑問：是不是某一類的人特別容易發生創傷後壓力症候群呢？如果我有健康的感情生活，如果我來自一個健康的家庭，如果我是一個信心很強的基督徒，我能不能對創傷後壓力症候群產生免疫呢？答案是，不！我們都有可能遭遇創傷，我們都有這方面的危險。你先前的心智穩定度，你的種族背景、性別、教育程度，過去情緒是平穩或紊亂，這些也許對你處理一般的壓力和適應技巧有些幫助，但是對於「創傷」都不會產生太大作用，因為創傷能夠顛覆我們每一個人。

那麼，究竟什麼因素會造成不同的效應呢？也許，當中最主要的，是事件本身的「壓力強度」有多大。

如果你發生了創傷後壓力症候群，那「不是」因為你本身有什麼缺陷，事實上，你會有這樣的反應是很正常的，只是，你所遭遇到的情境是「極不尋常的」。你的性格如何，並不會左右你所經驗到的創傷，但是，你所經歷到的創傷卻會影響你的性格。

是的，我們每一個人對壓力的反應和忍耐度都不一樣，有些人會比另外一些人具有較高的適應能力，而那些在耶穌基督裡有堅強信心，並且把聖經教導融合到生活裡的人，有一些特殊資源能幫助他們面對問題，但是，對我們每一個人來說，都可能遇到一個「臨界點」，使我們的防禦潰決。[5]

最後我要強調的一點是，那些因為自然災害而產生創傷後壓力症候群的人，要比那些因為人為災難受創的人容易恢復，同時前者的症狀也較後者輕一點。正如前面所提過的，如果自然災害被視為上帝的作為，認為「那是生活的一部分」，那麼，那些存活者並不會像人為災難的受害者那樣，產生對人的不信任。人為災難的另一個名詞就是「暴行」，奧克拉荷馬市的爆炸案、哥倫拜校園的血案、紐約市的九一一事件，之所以會對大眾產生這麼大的影響，主要是因為這些慘案都是人為的。

另外，經歷單一創傷事件的人，通常會比經歷多次創傷的人，復原得快一些。[6]

哪一類的經驗會引發創傷後壓力症候群呢？想一想你所認識的人，包括你自己，哪些人曾經經歷過地震、海嘯、火災、颶風、龍捲風、火山爆發、坍方一類的自然災害，這也包括經歷過工業災難，例如化學物品外流或爆炸事件的人們。

我自己曾經歷過威脅性很大的暴風，也曾經因地震從床上摔下來過。在我十幾歲的時候，我家的一隻牧羊犬晚上把全家叫醒，因為房子失火了。不過，這些事件並沒有嚴重到在我身上造成創傷後壓力症候群，但是，有一次我目睹了一輛火車脫軌的事件，在那之後的許多年，每次我經過那個出事的地點，都會開始神經緊張。

從難民營和集中營裡存活下來的人，很可能會有創傷後壓力症候群。另外還有許多人的創傷來自肉體的傷害和性侵害，甚至有不少來自撒但教儀式裡的可怕經驗。統計數字顯示，十八歲以下的人之中，有百分之二十五的女孩和百分之十六的男孩都經歷過性侵害，對這些孩童來說，創傷不是發生在奧克拉荷馬市、紐約市或卡崔娜颶風的威力之下，他們的創傷發生在晚上，就在自己家裡。那些經歷過肉體的虐待、囚禁、饑餓、沒有適當醫療的孩子，都經歷到極大的創傷。目睹車禍中的死亡和血淋淋的畫面，目睹某人被毒打，被強暴以致受傷或死亡，政治上的發難、暴動和戰爭，都會在人們心裡造成重大的創傷，同樣的，如果你的親人或好友遭到謀殺，也一樣會在心理上造成嚴重的傷害。

比起成年人，孩童對人生重大事件的處理能力要低得多，也因此，他們的心智會遭遇到重大的創傷。若一個孩子目睹過家人或親戚朋友被謀殺，被強暴，被毆打，或者自殺，就有面臨創傷後壓力症候群的危險，在我們的社會中，那些因為幫派暴力而掉進這個危機裡的人數也在不斷增加。

到目前為止，我所提的還只是「目擊者」的創傷，如果那些事件發生在我們自己身上的話，後果就更不堪設想了，遺憾的是，造成這種第一手創傷的清單相當長。

如果你在戰場上是一名士兵、戰俘，或是一個醫療人員，你就很可能發生創傷後壓力症候群。而如果你的房子被小偷光顧，或你被搶過，被扒過，或被誘拐，被強暴，被綁票，被恐嚇過，或在車禍中受傷過，那你就已經經歷過創傷了，更別說，萬一你或你的家人還面臨過被殺害，被傷害的危險。

從事救援工作的人，如果有過下面的經驗，便可說他們已經經歷了某種創傷：

- 目睹死亡或嚴重傷體。
- 在救援過程中自己的安全和生命受到威脅。
- 在救援過程中，必須作生死的抉擇。
- 在極端危險和巨大壓力之下執行任務。

最後的這一項，包括在危險環境中長時間工作的人——醫療救助人員、救災人員（包括在被炸毀的奧克拉荷馬聯邦大樓裡尋找屍體的人，在環球航空800空難之後的救援隊，在九一一事件後在歸零地挖尋屍體的救難人員，卡崔娜颶風之後在紐奧良搶救的工作人員）、警察、消防隊員、醫院的護理人員——所有這些人都有可能產生某種程度的創傷。

我的女婿是消防隊員，他在救援工作中曾經遭到第一級和第二級的灼傷，他目睹了許多死亡，也作了許多生死之間的決定。消防隊員經常要在睡眠不足的情況下工作，有時候為了搶救生命，他們必須連續四十八小時都不能睡覺。

如果有人曾經歷過上述那樣的事件，他就經歷了創傷。這並不表示他已經產生了創傷後壓力症候群，而是表示，他經過了「可能」造成創傷後壓力症候群的事件。[7] 另外有一點值得注意的是，促使某人產生劇烈創傷的事件並不一定使另外一個人產生同樣的後果。

創傷會在我們身上造成各種不同的影響，它會改變我們對哀慟的反應，也會擊碎我們的信念以及對生命的假設；它挑戰我們掌控生活的自信，並且撕碎了原本看來具有公義和安全的世界觀。

創傷把我們帶進了一個沉默的世界：「我無法用話語來形容。」

創傷把我們推進了一個孤立的狀況：「好像沒有人明白我所經歷的是什麼。」

創傷把我們關進一個絕望的牢籠：「沒有任何方法可以改變所發生的事，也沒有任何方法可以抹去那可怕的記憶。」[8]

你原先的樂觀瓦解了，甚至連你的理想也開始跟你作對。基本上，我們的理性是我們的資產，而且是生活中所必須的，但是在創傷之中，你的「理性」會開始造反。羅勃・希克斯（Robert Hicks）在他的《無法嘶吼》（*Failure to Scream*）一書中寫道：

當創傷來到的時候，我們的理性變成了一種詛咒。我們不是動物，不會在聞了聞一具死屍之後，無事般走開，牠們不像人類，沒有情感上的懊悔，憤怒或悲傷。人類比動物複雜得多，我們是「靈長類」（拉丁文的意思就是「會思想的人」）。我們會想到我們的悲劇，而我們的思想會使我們瘋狂，我們會像腦子裡裝了一台錄影機，不斷重播所發生的事，包括當時的味道，它會不斷地把我們帶回發生悲劇的現場。

但是，由於我們具有「理性」，我們會企圖用理性解釋我們的創傷，但是，當這種企圖失敗了以後，創傷的嚴重性就增加了。那種無法解釋的荒謬感會把我們推入絕望之中，讓我們衝動地做同樣的事，或開始一些會上癮的行為和陷入某種負面的人際關係，這些都是我們在驚慌狼狽中企圖去「修補」破碎的方式。所有這些衝動或感覺都在在顯示了，我們的「理性」受到了多大的攻擊，而我們原來有次序的世界如今又破碎成什麼樣的局面。[9]

我們都希望在所發生的事件裡找到原因，我們想知道為什麼那樣的事會發生，然後，我們才能感覺到生活中還存在著某種次序和可預料性，但是，很多時候，我們得不到我們想要的，我們必須在沒有答案的情形下繼續活下去。

如果你相信這是一個道德的世界，而公義和正直終會勝利，那麼，當不公平的事件打碎了你的生活，你會怎麼樣呢？如果，你相信好人一定會贏，壞人一定會輸，那麼，當事情並非這樣發展的時候，你又能做什麼呢？

你不是第一個，也不會是最後一個呼喊「這個世界缺少公義」的人。約伯說：「我因委屈呼叫，卻不蒙應允；我呼求，卻不得公斷。」（約伯記十九章七節）

我們想要找到一個答案，我們希望知道為什麼，我們祈求明白當中的道理，但是很多時候，你叫破了嗓子，蒼天依舊無語。這時候，我們面臨的就不只是外來的打擊了，我們的信心也面臨了危機，也許，你會像魯益師一樣，發出這樣的感言：

上帝在哪裡呢？這是最令人不解的問題。當你快樂的時候，有時你快樂到覺得不需要祂，快樂到想到祂是你的神幾乎還成了一種干擾，而當你有感動而感謝讚美祂的時候——你會彷彿感到——祂張開了祂的雙臂在歡迎你。但是，當你陷入絕望中的時候，當你四處投靠無門的時候，你再去尋求祂，你會發現什麼呢？你發現你碰壁了，你可以聽到有人把大門在你面前用力甩上的聲音，而且，還把門栓重重地拴緊了，之後是完全地寂靜。

你還不如轉身離去，因為，如果你繼續站在那裡，那寂靜的聲音就會越來越讓你受不了。你好像站在一間空房子前面，那房子有人住過嗎？好像是有的呀！那種有人住過的感覺就像現在好像沒人住一樣地鮮明，不是嗎？這到底又是怎麼回事呢？為什麼在你一切如意的時候祂是那樣地與你同在，而在你面臨問題的時候，祂又完全地缺席了呢？[10]

創傷還會影響到我們怎麼看自己，它影響到我們的自我認同。我們都對自己擁有某種概念和形象，我們可能認為我們是一個有理性、堅強的、能夠隨機應變，並且可以控制局面的人，但是，創傷可以在瞬間改變所有這些自我形象。

創傷後壓力症候群的一個特徵是，你覺得你好像不斷重複經驗著那個事件，其中的畫面和影像會用夢境、噩夢或記憶閃回的方式住進你的生活裡。有時候，它們會溜進你的腦子，好像錄影機卡在不斷重播的地方，這種敏感度會尖銳到把你帶回事件發生的那一刻，使你又重新經歷了原有的創傷。

我曾經聽過一個消防隊員說：「當世貿大樓倒塌，我得知有些我認識的人喪命其中，那些人的臉孔就像在一座旋轉木馬上，不斷在我面前晃過去，其中有些將永遠印在我的腦海裡。我所認識的人當中，有三十個人都不在了，但是，我看得到他們，感覺得到他們，甚至還可以嗅到他們在我旁邊，我不知道如何解釋這種感覺！我說不出適當的話語來形容我所看到的和感受到的。我覺得自己在一個無法醒來的噩夢裡，我見過許多毀滅的鏡頭，但是，在這個噩夢裡，似乎比真實的還要放大百萬倍，我努力想擺脫那一切，好好活下去。」

我有一個朋友是越戰退伍軍人，有一次，他去參加一名警察的喪禮，當他看到國旗蓋著的靈柩時，他也發生過類似這種「旋轉木馬」的症狀，在那一瞬間，他又看到許多他死去的戰友。我也遇到過一些人，他們無法看某些電視或電影，因為螢幕上的影像會把他們推入過去的創傷裡，還有另外一些人，當他們聽到大卡車隆隆開過的聲音時，會回到過去經歷地震的情況，那是他們創傷的起始。

一個從戰地回來的軍人走在街上，當他聽到車輛逆火的爆裂聲音時，可能會跳到某個障礙物後面去，好像在躲避敵人的槍火一樣，然後，所有那些他看到被炸死的戰友的臉孔又都回到他的記憶了。那些曾經被性侵過的女子，在她與自己先生同房的時候，過去的記憶也可能閃回腦際。經過嚴重車禍的人，當看到車禍或流血畫面時，會很容易又回到自己的過去。至於那些看過人們在九一一事件從世貿大樓墜下的人，在看到物件從高處落下時，也會想到當天發生的情景。而那些在兩個星期之前才逃過卡崔娜颶風的難民，當他們到達達拉斯時正好遇到那裡的暴風雨，於是，再度觸動了在紐奧良洪水洶湧的恐怖創傷。

對於創傷者來說，能觸發創痛的事物，也包括事情發生的日期。當那個日子快來之前，他們會感到緊張，甚至感到跟過去同樣的傷痛。節期和家庭團聚的日子也能引起情緒上很大的起伏，以致他們所看到、聽到、聞到或嚐到的東西，都會把他們帶回過去的那一刻。對於被虐待過的受害者，當他們與虐待者面對面，也會重新把過去的傷害帶到現在。

即使是那些為了保護受害者而設立的法院程序、警察、精神科的檢驗，以及對虐待者的判決，都會使受害者重新經歷過去的痛苦。當然，大眾媒體和新聞在這方面等於是在幫倒忙，他們把那些犯罪和暴力事件露骨地描寫和拍攝，只會加強受害者的創傷。[11]

在記憶閃回的過程中，你好像離開了現在，而回到事件發生的當時，一切都非常真實，你看到，聽到，也聞得到同樣的東西。有時候，當事人還會有具體的反應，彷彿他正在情況當中一樣。不過，這些人多半都不願承認他們有這種記憶閃回的狀態，生怕別人會有不好的反應。記憶閃回是一種哭喊，某種情緒需要釋放卻沒有出口，於是記憶倒溯了回來，這是唯一的途徑。如果存活者可以把他們的創傷用說的，用寫的，或誠實地用敬拜的方式把它帶到上帝的面前，那份創傷記憶就不需要用噩夢、畫面或記憶閃回，一直闖入我們的生活了。

不過，有時候，人們重新經歷創傷並不是經由記憶或畫面，而是被不知來由的痛苦和憤怒感所觸發。這些感覺之所以顯示出來，是因為它們先前被壓抑了下去，現在，這些感覺只是想要釋放出來。

也許你或你認識的某人經歷過魯益師在他的詩《復萌》（*Relapse*）[12]中所形容的。許多人都經歷過，只是他們不知道他們所經歷的是什麼。

還有一種人們重新經歷創傷的途徑是痲痹自己和躲避。重新碰觸創傷是痛苦的，對某些人來說更是無法忍受，所以，他們要那個創痛記憶走開或永遠消失，但卻無法成功，於是他們的身體和心智聯合起來，開始控制他們整個人。為了要防止痛苦再回來，這個防禦攻勢發動了，目的是幫助這個人去適應，進而產生了「情緒上的痲痹」。當這種痲痹的任務開始以後，它會使你對生活各方面都失去興趣，你會對所有周圍的人都變得冷漠，即使是你最愛的人也一樣。通常，你不會有什麼情緒的表達，因為，你所有的情緒都被關閉了，你要減少你和生活的任何連結。[13]

然而，當你「重新經歷創傷」的時候，你會感覺到某種你在事發當時因為痲痹而沒有感覺到的情緒。於是，當憤怒、罪惡感、焦慮、害怕和悲哀突然全冒出來的時候，你會感到非常驚訝，心想：「這些東西是從哪裡跑出來的？好痛！我不要它靠近我！」於是，你重新「關閉」起來，好避免那一連串失控的情緒雲霄飛車。接下來，你會避免任何啟動這輛雲霄飛車的情境，於是你從人群，從你的家人，甚至從你的生活中退縮，你不只在心智上、社交上、身體上，甚至在靈裡面也退縮了。

你會發現自己故意躲開創傷發生的地點，如果你是在餐館裡被搶，你可能躲避所有的餐館。消防隊員、警察和醫療救護人員有時會轉行。我有個朋友本來在臨終單位輔導一群護士和病人，他告訴我，在一年之內，他失去了四十五個末期病人，為了他自己心智的健康，他決定換個工作，因為他在情緒上的壓力，已超過了他可以承受的程度。

經驗過創傷的人有他們自己的「扳機」，可以隨時啟動他們過去的痛苦經驗，他們竭力避免碰觸到扳機，使得他們成了自己的囚犯，以致無法與他人建立正常的人際關係。

另外一種創傷者的特徵是，他們會有特高的警覺性，生怕再度受傷，而那些高強度的情緒，例如恐懼、焦慮和憤怒，都會影響到他們的生理狀況，尤其是刺激腎上腺素的分泌。

當人們說他們「全身脹滿了氣」，通常是因為腎上腺素的刺激使得他們處在一種高度警覺的狀態。腎上腺素的分泌會提高血壓、心跳，使肌肉緊張，血糖上升，瞳孔放大。由於你的血液循環開始集中在你的軀幹和頭部，而減緩流通到你的四肢，你會覺得好像比較能夠思考和活動。這種情緒和生理的特殊狀況有一個名稱，就是「戰鬥或逃跑反應」（fight or flight reaction），「戰鬥」的反應是由於腎上腺素的增加，但是如果腎上腺素繼續上升，你反而會掉進凝滯的狀態，使得你的思想和動作減慢，使得所有一切好像都被關閉了。[14]

在巨大事件發生的當下，你的心臟會急速跳動，呼吸發生困難，肌肉也開始僵硬，你可以用「大難臨頭」來形容當時的感覺！有些人在這種緊急狀態會想把所發生的事「合理化」，因而作出錯誤的診斷，他們會說：「我瘋了。」「我要崩潰了。」「我心臟病要發作了。」或「我快死了。」許多人從來沒有更正他們這些錯誤的自我診斷，於是，每次他們心臟加速或呼吸困難時，他們就再度錯誤地自我診斷，結果反而讓自己產生所謂的「恐慌發作」（panic attack）。[15]

有時候，情緒好像一座水壩破裂了，洶湧的大水迎面而來，你完全失去了控制能力。我曾經輔導過許多被恐懼癱瘓的人，他們會害怕作任何決定，害怕別人和他們有不同的意見，也害怕表明自己的立場。他們擔憂別人不喜歡他們，最糟糕的是，他們害怕從這個恐懼的牢獄裡走出去。另外一些人呢？則可能被其他一些情緒所癱瘓。

生理上的癱瘓是一件可怕的事情，不能自由活動，被限制在一個固定的地方。你的身體不能反應你心中的思想意志，這會帶來極大的挫折感。但是，如果你的心智被限制住，而且失去了正常的功能，那可能是更糟糕的事。

約翰福音五章一至九節告訴我們，有一個人不只身體癱瘓，他的心智或情緒也是癱瘓的：

這事以後，到了猶太人的一個節期，耶穌就上耶路撒冷去。在耶路撒冷，靠近羊門有一個池子，希伯來話叫作畢士大，旁邊有五個廊子；裡面躺著瞎眼的、瘸腿的、血氣枯乾的許多病人。在那裡有一個人，病了三十八年。耶穌看見他躺著，知道他病了許久，就問他說：「你要痊癒嗎？」病人回答說：「先生，水動的時候，沒有人把我放在池子裡；我正去的時候，就有別人比我先下去。」耶穌對他說：「起來，拿你的褥子走吧！」那人立刻痊癒，就拿起褥子來走了。

在這段記述裡，這個人已經癱瘓了三十八年，日復一日，他在池邊等待著被醫治的那一天來到。這遠近知名的水池是深到人可以在裡面游泳的，而它的池底其實是連接到一條地下水脈。每隔一段時間，那地下水脈會有汽泡冒起，攪動到池子的水面。當時的猶太人相信那是因為天使攪動了池水，而第一個在池水還在冒泡的時候跳進去的人，就會得到完全的醫治。

當耶穌在水池邊看到這個癱瘓病人的時候，祂問了他一個很奇怪的問題：「你要痊癒嗎？」換句話說，祂問他：「你想改變嗎？」我想，這個癱瘓者可能對耶穌那種似乎缺少同情心的態度，感到很吃驚，難道耶穌不知道他在這個池邊日復一日，年復一年地等待醫治嗎？難道耶穌不曉得他已不知求過多少人，在池水波動的時候趕快把他放進池子裡嗎？或者，耶穌之所以用這個方式問這癱瘓的人，是因為祂很了解這人裡面的情況呢？很可能，這人因為這麼多年來都處在這種無望和無助的狀態，所以，他在內心深處已經放棄得到醫治的希望了。事實上，他的回答似乎顯示了這種傾向，因為，他的回答並不是「要」，而是告訴耶穌他為什麼得不到醫治，因為沒有人把他及時放進池子裡去。雖然，他每天還是照樣去躺在池子旁邊，但是在他內心深處，他可能覺得他永遠都碰不到那個池水了。

很多受到創傷的人也是這個狀況，他們症狀的強度和時間的長度使得他們把得醫治的希望之門給關閉了。

本章討論到創傷的這部分都是很基本，也是很簡要的，這些資料的主要目的是要讓你知道，創傷在我們當中比比皆是，而且，很可能比你想像的要近。如果你發現你自己有創傷後壓力症候群，或你旁邊的人有這些症狀，記住這一點：

創傷有它另外的一面，最近的研究顯示，大部分受過創傷的人都表示，到最後，他們其實從創傷裡得到了某些益處，而這些人所受到的創傷並沒有比那些沒有走出來的人少或輕省。他們得到了什麼樣的益處呢？他們的價值觀改變了，而且變得更珍惜生命。他們在靈裡的信心也加深了，他們內在的力量增強了。同時，他們也更加珍視，並更懂得如何建立良好的人際關係。在所有從創傷恢復的要素中，最重要的是，不要脫離人群。[16]

通常，在這段恢復期間，你和上帝的關係會往深處改變。約伯在他的苦難中就經歷了這個改變，他說：「我從前風聞有你，現在親眼看見你。」（約伯記四十二章五節）

關於恢復，你需要了解：

一、創傷後壓力症候群並不是無法醫治的病症。從創傷裡恢復是可能的，但那是個緩慢的過程。

二、你需要與專業人士合作，那人應該受過訓練，懂得如何幫助創傷者，他可能是受過這方面裝備的牧者或輔導員。

三、從了解創傷的問題去幫助自己得到醫治。當你越了解創傷後壓力症候群的症狀時，你就越能感到你可以重振自己的生活。

作者雅芙若黛特・馬慈凱絲（Aphrodite Matsakis）在她的《我過不去：創傷存活者的手冊》（*I Can't Get Over It: A Handbook for Trauma Survivors*）一書中，對許多受苦的創傷後壓力症候群病人作了深入細膩的研究。她對醫治恢復的過程有很積極樂觀的看法，她說，如果你要好起來，就必須停止把自己看成一個有病或有缺陷的人，作為一個人，你產生了創傷後壓力症候群並不表示你有什麼地方不正常，不正常的是那些發生在你身上的事件，那些事件是如此地超乎常規，任何人碰到都會受不了的。[17]

創傷的恢復包括了三個階段：思考的階段，情緒的階段，駕馭自如的階段。當你能完全面對和回顧創傷中所發生的事，並且可以把所發生的種種，在腦子裡重新組合時，你就進入了「思考的階段」。這和沉湎在過去的泥沼是不一樣的。在這個階段，你可以把那些被創傷所炸裂了的碎片和斷裂的記憶，重新連結起來，好讓你在「現階段」知道發生了什麼事。你可能會開始對別人述說過去，拼湊一些畫面，並且閱讀事件的記錄、自己的日記或其他相關的文件。當你完成了這些過程，你會對所發生的事有一種新的見解，而且是客觀而非論斷性的見解。[18]

在思考的階段，你需要脫離你當事人的位置，而以旁觀者的角度去看所發生的事情（即使這樣做很困難）。如果你可以這麼做，你會對自己在創傷中所作的選擇有新的評估，也會比較深入地了解那個事件是如何嚴重地打擊了你整個生命。如此，你就不會那麼自責了——自責是創傷者很容易陷入的狀況。接著，你會清楚地看到，你到底是對誰憤怒，又對什麼事情憤怒。[19]

這是有關心智的層次，但是，醫治和恢復必然會牽涉到情感。在第二個階段：「情緒的階段」，你需要面對那些在創傷中壓抑下去的各種感受。赤裸裸地去經驗那些感受是非常重要的。當然，這不是一件容易的事，因為我們會害怕面對自己的某些情感，而且還可能因為太過痛苦而失去控制。在此階段，你不需要對你的情感作任何反應，而它們也不會再來掌控你的生活，然而你必須去面對它們。這個階段的情緒包括：憤怒、焦慮、哀慟、悲哀，和更多其他的情緒。[20]

第三個也是最後的階段是「駕馭自如的階段」。在這個階段，你從你所經歷的事件中發現了生命的全新意義，並發展出存活者的觀點，而不再覺得自己是受害者。對那些與耶穌基督有親密關係，且對聖經有所了解的人，他們有著很好的基礎去發展成為健康的存活者。

願頌讚歸與我們的主耶穌基督的父上帝，就是發慈悲的父，賜各樣安慰的上帝。我們在一切患難中，祂就安慰我們，叫我們能用上帝所賜的安慰去安慰那遭各樣患難的人。我們既多受基督的苦楚，就靠基督多得安慰。我們受患難呢，是為叫你們得安慰，得拯救；我們得安慰呢，也是為叫你們得安慰；這安慰能叫你們忍受我們所受的那樣苦楚。（哥林多後書 一章三至六節）

有人曾經問我：「我怎麼知道我正漸漸好轉，而且正在成長呢？」對我們所有的人來說，我們應該對「進步」發展出一種新的看法。它很可能發展得很慢，而且有時候好像又退了回去，你需要把焦點放在有所進展的部分，而不是你卡在那個關頭有多久了。有人告訴我，他每個月都會給自己的情況打分數，從一到十計算。同時，在整個過程中的所有項目，他都會打上一個分數。這個方法對他幫助很大，而對自己的進展也有一些了解。

你如何知道自己是在進步呢？第一點是，你可以看到你症狀出現的次數減少了，另外，你對症狀發生的恐懼感也降低了。事實上，最令人沮喪的一種恐懼就是「你以為自己要發瘋了」，這種恐懼在進步中也會漸漸減弱。

憤怒和哀慟，這兩個創傷中的雙胞胎，會漸漸地減輕它們的威力。至於那些剩下來的情緒，可以把它放在積極的方向，這就是凱娣．萊特娜所選擇的。她的女兒被一個酒駕的人撞死了。凱娣的憤怒和哀慟促使她建立了「母親反對酒駕」的互助組織（Mothers Against Drunk Driving）。

我的一個朋友在越戰之後有創傷後壓力症候群，每個星期，他都把精力放在退伍軍人醫院裡的病人身上。他會帶著他的阿拉斯加雪橇犬，在那裡帶領病人敬拜讚美，或做其他活動。他教會了他的狗講話，而且還是講「人話」！我聽過牠講話，簡直令人難以置信。他和他的狗就是用這種方式，去逗那些病人發笑和放鬆。

寫信——用肯定的態度和持續的努力，去聯絡你州內的國會議員和參議員，讓他們聽到你的聲音。這種方法能協助改善既存的問題，也是一種正確而有效的途徑，好讓你的哀慟和憤怒有個出口。

然而，在某些情況，唯一能夠解除憤怒和報復衝動的是，「正眼去看」你無法改變也無法預防的事，然後，一點一點地放下你的憤怒和心中的厭惡感。

在我輔導過的一群人裡面，有位受害者這麼說：

> 終於有一天，我發覺到，我心中的憤怒會使我繼續成為一個受害者，雖然我希望有一天，有人可以成為我的出氣筒，但是，我發現那終究是不可能的。於是，我決定做一個九十天的計

劃。既然我是一個不完美的人，我允許自己可以保留百分之十的憤怒，但是，在這九十天當中，我要自己每一天都放下百分之一的憤怒。由於我有一個清楚的目標，而且我也發展出一個具體的方法，這九十天的計劃確實有助我開始恢復。每一天，我會花十五到二十分鐘的時間去弄清楚我到底要抱什麼仇，每一次我都會把這種想法寫成一封短信，然後，我會站在一個房間裡，毫不保留地大聲把它讀出來。有時候，我用的話語很不雅，有時候，我會對著一個朋友讀那封信，因為，我覺得有一個真人在旁邊會有幫助。

每一天，我都會寫下這樣的句子：「我原諒你做了……事。」然後，把我想到的第一個我不能原諒那人的原因寫下來。就這樣，我好像寫了一大堆反對自己去原諒別人的理由。不過，每天早晨結束這個功課之前，我會大聲朗讀一篇讚美的詩篇。接著，我舉起雙手，把我那天的憤怒交給上帝。最後，我為祂所做的一切感謝祂，即使有時候我根本沒有那個感覺。從這個過程裡我發現自己心裡充滿了苦毒，也就是這個苦毒，讓我覺得被釘住和卡住，因為我不想原諒他們，我覺得他們不配。

我持續這麼做，雖然，我很懷疑在三十天之後，我會有區區的百分之三的進步。但是，在六十天之後，我發現自己居然走在我的時間表前面。我在進步，我在成長，我漸漸好起來了。有時候，我仍然會被突如其來的憤怒和哀慟襲擊，但是，現在，它們打不倒我了，即使我可能一輩子都會被它們攪擾，但我已不至於被它們打敗。有時候，我會連續好幾天，甚至好幾個禮拜都感覺自己完全恢復了。感謝上帝幫助我走到這裡！

採取這樣的積極行動會幫助你從受害者的角色轉為存活者。相信自己能夠成為一個存活者的信念，可以加速你的恢復過程。

當你繼續在這恢復的旅途上行走，那些起先幫助你面對創傷的堅強與固執會慢慢消失。從你獨特的性格裡，會發展出某種彈性和自發自動的韻律，於是你會開始舒適地進行這種治療過程。

恢復的過程也夾雜著某些喜悅，其中一個就是，你會對生命有種全新的欣賞和品味，你開始看到以前所沒有看到的，聽到以前所聽不見的，而且，那些過去你覺得無味的東西，也開始散發出它們特殊的味道了。有些人甚至從其中發現他們過去所沒有的幽默感，而這些幽默感本身就具有相當的醫治功能。

你會開始對周圍那些受傷的人產生一種過去所沒有的同情心，因為，在你經歷了自己的哀慟之後，你的心胸已經擴大到可以收容其他受傷的人了，羅馬書十二章十五節說：「與喜樂的人要同樂，與哀哭的人要同哭。」這段話對你有了嶄新的意義。[21]

許多人在恢復的過程中所面臨的掙扎是，他們不知道怎麼去估量自己是否有所改進。許多年來，我曾經教導那些我所輔導的人，靠著寫日記或週記，毫無禁忌地抒發內心感受。有些人沒寫什麼，但是會用「時間表」畫出他們每天的狀況；有些人則又寫又畫。這麼做的好處是，在經歷了一段時期之後，他們會具體地看到自己的進展。

「恢復的時間表」是把你情緒的高點和低點，依照時間的進程畫出來。最方便的大概是用一本月曆，然後設計一個一到十的表格，在每天結束的時候，不管是高是低，都把那一天的情況用一個點固定。這樣的記錄可以持續幾個月或幾年。一段時間過去後，當你回頭看，就可以發現你的進步和成長了。

當你經歷了創傷以後，常常你只記得創傷的事件。你是否可能跳開那個特殊事件，而回到創傷之前的狀況呢？我們稱這種「跳躍」為「注視過去的日子」。那時，你的生活是什麼樣子？你每天在做什麼？回答以下的問題，可以幫助你重新捕捉創傷之前的你：

- 那時，你最大的掙扎是什麼？
- 什麼會使你感到滿足？
- 你最喜歡做的事是什麼？

- 那時你的外表如何？（在這一點有明確的概念很重要，把過去的照片或錄影拿出來看看，可幫助你捕捉過去自己的模樣。）
- 當時，哪些人是你的好朋友？
- 那時，你喜歡自己哪些地方，不喜歡的又是哪些？
- 你和哪些人相處得很好？
- 你和誰相處有問題？
- 那時，你相信的上帝是怎樣的一位上帝？
- 那時，你的信徒生活如何，比如，在禱告方面如何？
- 那時，你一生的信念是什麼？
- 那時，你在哪些方面是實際的？在哪些方面很天真？
- 那時，你想從生活裡得到什麼？
- 那時，你人生的目標和夢想是什麼？
- 現在，你人生的目標和夢想是什麼？
- 現在，你在哪些方面不一樣了？

在你回答了這些問題以後，分別出你在哪些地方與過去不同。在心中摸索一下，在哪些方面你只要做某些調整，而不需要改變大方向？再列出一張清單，把你「現在」想要完成的事（盡量擴大你的夢想）全部寫下來。然後，再思考一下，把那些你覺得只要你努力追求就可以完成的目標圈出來。

征服你的創傷是一個過程，一段旅程，但是，你不是單獨地走在這條路上，上帝時時與你同在。

主耶和華的靈在我身上；因為耶和華用膏膏我，叫我傳好信息給謙卑的人，差遣我醫好傷心的人，報告被擄的得釋放，被囚的出監牢。（以賽亞書六十一章一節）

耶穌又對眾人說：「我是世界的光。跟從我的，就不在黑暗裡走，必要得著生命的光。」（約翰福音八章十二節）

你必點著我的燈；耶和華──我的上帝必照明我的黑暗。（詩篇十八篇二十八節）

療癒練習題

一、你生命中是否有哪次失去，讓你深受創傷？為什麼你會如此受創？

二、你的朋友中，是否有人曾受到心靈創傷？

三、在你治療心靈創傷的過程中，什麼對你的幫助最大？

四、如果你可以寫一封信給上帝，說明你的心靈創傷，你想說什麼或問什麼問題？

第十一章

幫助他人從哀慟中恢復

哀慟中的人所需要的是細水長流的慰藉，他們會需要有機會談話或緬懷過去。

「我很想幫忙，真的。但是我不知道要說什麼，我肯定說得太多了，有時候，我覺得我說出來的話不但沒有幫助，反而更加傷害了他。所以，大部分的時候，我就避開，什麼也不做。」

這是一種不尋常的情況嗎？不是，當我們的朋友或所愛之人面臨失去的問題時，這大概就是我們會感覺到的挫折感了。對於說什麼，怎麼樣去說，還有何時去說，都是我們在這樣的情況下會掙扎的。但是，不用沮喪，你可以學會如何用支持和關愛的方法，去服事正在哀慟中的人。

身為基督徒，當周圍有哀慟者時，我們就有機會和他們分享耶穌的愛。但是，要能真正對他們有所幫助，我們就必須遵守一些規範和禮儀，你需要讓他知道，你了解他失去了什麼，然後，從他的眼光去看這份失去，而不是從你自己的角度。

你需要記得並且遵守這四個「千萬別做的事」：

一、不要躲避哀慟中的人，不管他是你的親戚還是朋友。

二、不要對他的反應作任何比較、評估或論斷。

三、不要在你幫助他的過程中，反倒開始為自己所失去的尋找同情和安慰。

四、不要用呵護或可憐他的態度去接近他。

不管那人所失去的是他的什麼人，他需要持續地得到關懷。有時候，我們所給的關懷很不平均，比如當人們失去親人時，哀慟者會被許多人包圍著，電話也是頻頻不斷，悼念的花束和慰問卡更塞滿了他們的客廳和信箱，但是，沒過兩三個星期，所有這些都停止了，這時候，他會感覺好像被大家忘記和放逐了。沒人打電話，沒人寫信，好像整個世界都熱熱鬧鬧地從他身邊走過去了，他會感到自己被留在一座孤島上。哀慟者所需要的是細水長流式的慰籍，他會需要有機會談說或緬懷過去。在死亡和離婚這兩種情況裡，當事人有許多決定要作，他們需要有人跟他們談話，幫助他們思考許多大小事情。不過，不論是何種失去，當事人都立即需要有一小群人在他的旁邊，支持他走下去。

當你見到在哀慟中的親友時，你最基本的反應應該是問他是否還好，感覺如何，因為，最重要的是，讓他有機會說自己想說的，而不要讓他感覺你在觀察什麼，或做什麼比較、評估及論斷。你需要避免下面這樣的話語：

「我真不懂，你為什麼哭成這個樣子，不管怎麼樣，你還是得活下去。」

「哎，他只是你的繼父而已呀，想想你媽媽，她失去的比你更多呀，可是她都沒哭成你這個樣子。」

「沒有人會為了一隻貓哭成這樣，只是一隻小動物嘛。你養牠也十多年了，再養一隻不就好了嗎？」

「這件事會讓你們一家人更親近，你們可以一同成長。」

「我相信，這會讓別的學生看了，更加認真地去唸書。」

「難道你不會為了還擁有的那些，感到幸運嗎？」

「下次我們就知道了，絕對不要再去那個膿包醫院看那個膿包醫生。」

「你以前也換過工作呀，所以，你應該把這次的裁員看成是個好機會，就像喬治被炒魷魚時的態度一樣。」

另外一些哀慟者常會聽到的負向話語是：

「別哭啦！」

「你要勇敢一點！」

「再過兩個禮拜，你就沒事了。」

「你不應該有這種感覺的，畢竟，你是信上帝的人哪！」

「現在，你該振作起來了，你總不希望媽媽看到你這個樣子吧？」

「過去的就讓它過去吧！讓我們繼續跟著上帝往前走。」

「至少，他沒有受太多的苦。」

「你應該慶幸，那不是你唯一的孩子。」

「你應該這樣想——你雖然失去了丈夫，但幸好你還年輕，又還沒有小孩，會比較容易重新開始！」

「人生早晚都是一死，他只是早走了一步而已。」

「孩子們需要你，你得堅強起來。」

像這樣的話，不但完全無濟於事，還會讓聽到的人更加悲痛而絕望。

有時候，人們會自作聰明，以為讓哀慟中的人去想「這還不是最糟的」，可能會讓他們的痛苦減輕一點，很不幸地，這個方法會適得其反。在《寡婦的存活手冊》（*The Survival Guide for Widows*）裡，作者如此描述這種不當的方法：

我就有這麼一個朋友，每次我們碰面的時候，她總會在談話之間，用一種無所不知的權威態度說：「還有比死亡更糟的事哪！」她這樣說，就好像要把我的臉推向那難堪的真相，她要我知道，我沒有一個身上插滿管子的人得照顧，或不需要看著所愛的人消瘦成一身骷髏，是一件多麼幸運的事。我知道，這些我都知道，上帝不會讓我們去忍受我們無法忍受的痛苦，而我也不會想去和別人交換他們的痛苦……但是，她那些話並不會讓我這個失去丈夫的人覺得幸運，好像我死了丈夫，還得為此感謝什麼人似的。也許，有一天我會看到並且同意她所說的，但絕對不是現在。[1]

第三個「千萬別做的事」，牽涉到你在慰問他人的時候，開始替自己尋找安慰，這件事聽起來很奇怪，但卻經常會發生。有些人在安慰別人所遭遇的事情時，會開始滔滔不絕地訴說自己的失去和哀慟，但是，你是不可能在這種時候，從你面前這個人身上得到慰藉的。因為，這是你「給予」而不是「接受」的時刻，如果你覺得有需要，應該轉向其他人尋求安慰。

你是否曾被人當作孩子般呵護？你知道那種感覺，對不對？你會覺得自己好像被迫去依賴別人一樣，然後，你會漸漸陷入一種自憐的狀態，你的情緒會變得比還沒碰到那個人之前更糟糕。事實上，任何這種他們好像是「過來人」，是你的「救星」的態度，都會讓你感到某種虛假，你也知道他們對你的關心其實不是那麼真實。

在你要服事親人或朋友時，有幾個範例和原則可循，第一步是，敞開你的心房去接受發生在那人身上的事，並接受他的反應。或許，從你的觀點來看，那人的反應不是很妥當，但要記得，你不是他，也不是唯一能完全了解他的人。

接受那人處理悲傷的方法，讓他知道，他的反應都是正常的。有些人在這種場合，會因自己的哭泣，憂傷和憤怒而道歉，你可能會聽到他們說：「我竟然會哭成這個樣子，真是抱歉。」「我不知道為什麼我還是這麼難過，我在那個崗位上做了十五年，他們把我裁掉真是沒道理，我知道我不應該這麼生氣，但是我不能否認我的憤怒，這件事太不公平了！」

在這種情況下，如果你接受他們流露情感的樣子，對他們來說就已經是很大的鼓勵了。若你能給他們機會去面對和表達他們的情感，就是你能給他們最好的禮物了。用這樣的話語去幫助他們釋放內心的情感：

「我希望你能盡情在我面前流淚，碰到這麼大的事，要不哭是很難的，我可能也會跟你一起哭。」

「我希望你能在我面前自由地表達你的悲哀，包括流淚。我不會覺得不安，我只是想陪伴你。」

「如果我沒看到你哭，我反要擔心了，你能哭出來是健康的。」

「如果我也碰到一樣的事，我會讓眼淚像山洪暴發一樣流出來，難道你不想痛快地大哭一場嗎？」

憤怒是另外一種人們很難表達的情緒，你可以用這種方式幫助他們：

「你的寶寶受了這麼多的苦，而你什麼都不能做，一定讓你感到很憤怒。」

「你失去了寶寶，卻看到別人的寶寶都很健康，你覺得憤怒和不公平是很自然的，那是完全可以理解的。」

「你失去了心愛的女兒，你有權利憤怒，並且面對很多事情都充滿挫折感。」

「我可以想像，現在要用語言來表達你心裡的憤怒、無助和挫折感，一定非常困難。」

「不管周圍的人如何阻止你，把你內心的憤怒和情緒表達出來是非常重要的。」[2]

在你做了這樣的鼓勵之後，那些哀慟者會明白，他們所流露的情感並不會讓你躲避。你甚至可以明確地向他們表示，你是不會被嚇到的，不管他們感覺到的是什麼，你也不會想去改變他們或去阻止他們抒發情感，你會繼續陪在他們身邊。

另外一種正面的表達是觸摸的方式，但是，你必須對當事人抱有足夠的敏銳度，因為，他們可能不習慣接受別人的碰觸。如果，你發現他們在躲避你的擁抱或觸摸，你就必須尊重他們；當你把手放在他們肩膀上時，如果他們整個人開始僵硬，就表示在那一刻，你的同在和你簡單的話語會比碰觸有效。也許，過了一段時間之後，他會自己對你說：「我需要一個擁抱。」

有的時候，你不妨說：「我會留在這裡一下，如果你希望我離開或者需要我做什麼，就直接告訴我，我會照你的意思去做。」絕對不要以為他們不需要你，用對話的方式去了解他們的情況。

你服事的人當中，可能有不少都需要某種形式的碰觸，因為，對許多哀慟者來說，被觸摸會減輕他們內心的痛苦。下面是一位失去丈夫的女性所表達的感覺：

……在那個時候，你的心智其實還撐著拐杖……情感上的痛苦讓人震驚，它把你整個人粉碎，又使你成了啞巴，因為，沒有任何人世間的話語可以表達你所感受到的。肢體語言或許稍微好一點，我提過我有時需要有人抱我一下，我想，別人可能也有這種需要，這只是人與人之間一種單純的肢體安慰而已，沒有別的。有一次，我看到一部卡通，只有一幅簡單的圖畫，沒有任何對話……畫面是一台像汽水販賣機一樣的機器，上面說明：「抱一下，二十五毛。」我真希望我有這樣一部機器。[3]

在佛瑞德．鮑爾（Fred Bauer）那本小巧溫馨的書《溫柔地靠近》（*Just a Touch of Nearness*）中，有這樣的故事：

我曾經聽過一個車禍的悲劇，當中有個小女孩過世了。她叫南茜，才六歲。當時她被一輛超速的車子撞死了。她的父母痛不欲生，她學校裡的小朋友也受到很大的驚嚇，尤其是她最好的朋友裘伊絲。當裘伊絲知道這個可怕的消息之後，立刻就要衝到南茜家去，但是，裘伊絲的媽媽怕女兒突然出現在南茜家裡，會打擾到她的父母，就安慰她說：「爸爸和我會帶你去參加南茜的喪禮，到時候，你就可以看到她的爸爸媽媽了。」但是，已經淚流滿面的裘伊絲仍堅持馬上過去。

其實，裘伊絲的媽媽真正擔心的是，女兒根本不知道能對那一對哀慟中的父母說什麼。最後，因為耐不住裘伊絲的堅持，她只得把女兒帶到了南茜家。當他們到達的那一刻，裘伊絲就一路跑向她好朋友的媽媽，爬到她的大腿上，兩手抱著她，放聲大哭，一句話都不用說，她們兩個人都哭出了心裡的傷痛。

去南茜家安慰這一對父母的人，沒有人把「我真難過」這句話表達得比裘伊絲更明白的。4

對哀慟中的人，你能給他們最好的禮物就是你的聆聽。我們都應該做個好聽眾，就像雅各書中所說：「你們各人要快快地聽……。」（雅各書一章十九節）

聆聽是一門藝術，也是一種你可以學習培養而去幫助別人的屬靈恩賜。在箴言中，我們讀到：「能聽的耳，能看的眼，都是耶和華所造的。」（箴言二十章十二節）當你聆聽他人的心聲，你就給了他們一種被重視的感覺，同時，你也給了他們希望與愛，是他們無法在別處找到的。透過聆聽，我們滋養並肯定了他們所流露的情感，尤其是當他們正處於人生困境時。

「聆聽」是全神貫注地把你的注意力放在跟你分享心事的這個「人」身上。注意一下，在這裡，我的意思不是要你注意「他們對你所說的是什麼」，因為，常常，他們跟我們分享的會多過他們所說出來的。我們應該注意他們整個人，而不只是他們說出來的話而已。當你「聆聽」的時候，不管他們跟你分享的是什麼，你都需要開放你的心靈去注意他們的全部：他們的感覺、他們所抱持的態度、他們所關心的事，以及所說的話語。「聆聽」也意味著，你容許自己在一個位置，在那裡，他們可以對你說他們想要說的，而你也樂於回應他們所分享的事。

「聆聽」是一種表達愛的方式，這包含，你對於那人所說的話抱持著認真的態度。當你以關愛的態度聆聽，你就等於邀請那人來到你的生活中，做一個可以休息的客人。

當人們知道你是真心在聆聽他們的時候，他們就會開始信任你，並且覺得與你在一起是很安全的。如果你是一個善於聆聽的人，人們就很容易邀請你進入他們的生活。同時，那些你聆聽過的人，因為你之前的付出，也會對你敞開胸懷，而當你自己與他們分享你的生活時，他們也會以愛心來回應。

既然上帝的話語告訴我們做個快快聆聽的人，我們就應該去了解「聆聽」到底是什麼。「聆聽」和「聽見」是不同的，「聽見」是站在你自己的立場去蒐集消息和資料，所以，當你在「聽」的時候，你所關心的是在彼此的談話中，你內心的反應、回應、思想和情緒在你裡面是如何地波動。但是，受傷的人並不需要你的訓誨，他們所需要的是有人能夠用他們的耳、他們的眼和他們的心，去「聆聽」他們內心所要表達的。

「聆聽」意味著你設身處地去關懷那個說話的人，當你聆聽他，就是在嘗試了解他的思想和情感，你是為了他的緣故而聆聽，並不是為了你自己。當說話者停下來的時候，你不需要去想你應該要說什麼，也不需要去想你應該怎麼回應，你只需注意他表達了什麼。

「滋養性的聆聽」在幫助哀慟者是非常重要的，在這種聆聽的方式裡，你會去聆聽話語後面所要傳達的情緒，然後你可以用自己的方式回應那人，並肯定他所傳達出來的東西。「滋養性的聆聽」能夠傳遞你的支持和關愛，並讓對方知道你接受他的感覺和觀點。這種聆聽也等於給了哀慟者一個溫暖的邀請，讓他們知道，他們可以和你分享他們最深的悲傷、喜樂和他們所擔心的事。

下面這個例子，是法蘭克每星期和他父親通電話的內容。你可以看出他是如何使用了「滋養性的聆聽」去關愛他的父親。法蘭克的父母做了五十一年的夫妻，因為三年前，他的母親過世了。這對法蘭克的父親是非常重大的打擊，以致他幾乎不想出門。他的許多朋友都鼓勵他繼續進行一些嗜好，並且花點時間去看看孫兒們。在這個對話中，你可以看到法蘭克用簡單的聆聽方式，去肯定他父親與他分享的東西：

法蘭克：嗨！爸爸，你今天還好嗎？

爸爸：我今天還算好，兒子。

法蘭克：所以你大致上還可以。

爸爸：是啊，在你媽媽不在的情況下來說，我還算可以。

法蘭克：爸，聽起來，媽媽的過世到現在還是讓你很難過，你真的打擊很大。

爸爸：你知道嗎？我真的不知道會這麼難，我不明白，為什麼這麼久了，我還是不能恢復。

法蘭克：你和她在一起這麼多年了，當然會想她，也會想念跟她在一起的日子……。

爸爸：（停頓了一會兒，聲音有點變調）法蘭克，每一天我都會想她，有時候我整天都覺得很寂寞。好幾個朋友都希望我能繼續活得好好的，而不要懷念過去，但是，我真的忘不掉，也不想忘掉。我要去回憶，我們有好多美好的回憶。

法蘭克：聽起來，你反而希望有什麼能幫助你思念媽媽。

爸爸：這聽起來也許有點可笑，可是我很想重訪那些你媽和我一起去過的地方。我在想，也許，我可以帶你的兩個孩子跟我一起去，你覺得怎麼樣？[5]

法蘭克有沒有替他爸爸出主意，或指出他該做什麼呢？他是否想要替自己的爸爸作任何決定呢？他有沒有去逗他爸爸開心呢？都沒有。他只是鼓勵父親，表達出他內心的情感和想法。

法蘭克的這種態度和反應，使得他爸爸覺得兒子是了解自己的，這就是他或任何哀慟者所需要的——有人了解他們，接受他們。當你學會用聆聽的態度去滋養他人，你就滿足了他們那種被了解和被接受的需要。

當你「聆聽」他們所說的話時，你會聽到他們不斷說著同樣的事情，因為，哀慟中的人，不管他們失去的是一隻寵物、一份工作、一間房子或一位親人，都會不斷重複事件中的許多細節。他們會說到那些相關的人、發生的事、何時發生，以及如何發生的。當然，那些相關的細節會因人因事而不同，但是，他們的話題都會繞著所失去的人事物團團轉。他們會關注在許多細節上，而如果他們失去的是一位親人，他們會一直想起他們之間最後的對話，因為這能幫助他們感覺到，好像他們還抓住了什麼。在這種情況中，不要因為故事中重複的細節而顯得不耐煩，即使你都可以把整件事背起來了，還是要繼續把注意力放在他們身上。要知道，他們需要不斷重複這些東西，很可能會延續三四個月，直到他們覺得他們真的「抓牢了」有關死者的記憶。當他們到達那一點的時候，才會慢慢地鬆手，最後讓他們所失去的人離開。

當哀慟者在談那些細節的時候，你應該鼓勵他們說出「隨之而來的感覺」，因為，當你在聆聽中沒有表現出驚訝、尷尬，也沒有論斷他們，他們就可以把隨之而來的感覺釋放出去。

當發生車禍，或者失去了重要職位，也或許是死亡的例子裡，我們常聽到人們會把責任往自己身上攬，即使他們並不是肇事的原因，也不可能避免事情的發生。在這種情況下，我們可以利用這個機會問他們：「到底你能做什麼去預防呢？那是可能的嗎？是不是還有別人也可能去預防呢？如果是，那麼為什麼他們不做呢？我可以了解為什麼你覺得自己有責任，但是，實際的情況是，我們當中其實沒有任何人可以阻止事件發生。」不過，在你說這些話之前，先幫助那個人去正視他所說的「假如……就好了」和「我真是悔不當初……」之類的話語。

最主要的是，不要對哀慟中的人說太多的話，因為，你與他們的同在就已代表了千言萬語。喬·貝利（Joe Bayly）許多年前寫了一本書《我們最後所說的話》（*Last Thing We Talk About*），是關於他與妻子如何調適失去三個兒子的哀慟。他給了這樣的建議：

在哀慟者面前，我們心靈的敏感度會引導我們保持沉默，並開始聆聽。「我很難過」，這樣的表達是誠實的；「我知道你的感覺」，這樣的話是不誠實的——就算你經歷過類似的哀慟，而且你與所失去的親人的關係和面前這個人的情況差不多，也不要去假設你「知道」。如果哀慟者覺得你的確可以了解他的痛苦，他就會告訴你，你就能誠實與他分享你當時的感受，而且不需要再潤飾。

不要想去對哀慟者證明什麼，只要用手臂圍繞著他們的肩膀，握緊他們的手，在他們的臉頰上親一下，這些就表明了你的感受，他們並不需要什麼邏輯性的解釋。當有個人走過來，對我說上帝的作為是如何如何，為什麼悲劇發生了，而死亡之後仍有盼望之類的，他不斷說著，我雖然知道他說的可能都是真的，但是，我卻沒有任何感覺，只希望他趕快離開。最後，他終於走了。另外一個人走了過來，在我旁邊坐下，他沒有問任何問題，他只是那樣地坐了一個鐘頭左右，如果我開始說話，他就簡短地回答我，他的禱告也很精簡。然後，他也走了。但我卻不希望他離開，因為我得到了安慰，心裡非常感動。[6]

如果你發現口頭的表達對你來說是一種掙扎，那麼，不如把你的心意寫下來，或者用接近你意思的卡片寄給哀慟者。我保存了許多在我們失去了兒子的時候，人們寄來的信件和卡片。它們對我有兩個積極的作用：每次我讀內容時，我都得到了安慰。另外，它們所用的話語能夠幫助我表達內心的哀慟，因為，每次我讀的時候，我的哀慟就更加地明晰，因而幫助了我不要繼續停留在否認的狀態。你可以用自己的話去安慰哀慟者，或用引言、詩和上帝的話語。下面的這些經文會有很大的幫助：

永生的神是你的居所，祂永久的膀臂在你以下。（申命記三十三章二十七節）

你從水中經過，我必與你同在；你趟過江河，水必不漫過你；你從火中行過，必不被燒，火焰也不著在你身上……不要害怕，因我與你同在。（以賽亞書四十三章二節、五節）

因為我深信無論是死，是生，是天使，是掌權的，是有能的，是現在的事，是將來的事，是高處的，是低處的，是別的受造之物，都不能叫我們與上帝的愛隔絕；這愛是在我們的主耶穌基督裡的。（羅馬書八章三十八至三十九節）

我雖然行過死蔭的幽谷，也不怕遭害，因為你與我同在；你的杖，你的竿，都安慰我。（詩篇二十三篇四節）

上帝是我們的避難所，是我們的力量，是我們在患難中隨時的幫助。（詩篇四十六篇一節）

祂醫好傷心的人，裹好他們的傷處。（詩篇一百四十七篇三節）

……因為主曾說：「我總不撇下你，也不丟棄你。」（希伯來書十三章五節）

……我們有這指望，如同靈魂的錨，又堅固又牢靠。（希伯來書六章十九節）

你們心裡不要憂愁；你們信上帝，也當信我。（約翰福音十四章一節）

你們不要害怕，因為我與你同在；不要驚惶，因為我是你的上帝。我必堅固你，我必幫助你，我必用我公義的右手扶持你。（以賽亞書四十一章十節）

你要專心仰賴耶和華，不可倚靠自己的聰明，在你一切所行的事上都要認定祂，祂必指引你的路。（箴言三章五至六節）

我呼求的日子，你就應允我，鼓勵我，使我心裡有能力。（詩篇一百三十八篇三節）

> 你們當剛強壯膽，不要害怕，也不要畏懼他們，因為耶和華你的上帝和你同去。祂必不撇下你，也不丟棄你。（申命記三十一章六節）

除了經文，你還可以引用很多相關的詩。例如，海倫・絲黛娜・萊斯（Helen Steiner Rice）寫了很多意義雋永的詩，許多有關哀慟的卡片喜歡引用她的文字。作者芭芭拉・契瑟（Barbara Chesser）說：

> 那些你用敏感的心為哀慟之人挑選出來的引文，或許花了你許多時間和精力，但是它們所能傳遞的醫治力量是無窮的。有一本令人耳目一新的小書《當哀傷來的時候》（*When Sorrow Comes*），充滿了智慧之語，能夠幫助人們從軟弱中得到力量。我常與人分享下面這段話：「我希望我有一段神奇的話語，可以擦去你的眼淚！但是我沒有，我能做的就是向你指出一位神，一位能夠醫治你的神。我只想提醒你，那通向死亡和帶你走進天父家的門是同樣的一扇，祂，天父自己，會站在那裡迎接祂的每一個孩子。」

彼得・馬歇爾（Peter Marshall）是一九四〇年代，一位傳奇性的蘇格蘭裔美國參議院的牧師，他在四十六歲的盛年就過世了。奇妙的是，在他離世之前不久，有報導記錄了他的一句話，而當他走了之後，許多人都認為那句話正好描繪了他的一生：「畢竟，生命的價值不在於長短，而在於所貢獻的是什麼。」當面臨的是一個早逝的生命時，這樣的一句話是非常貼切的。

不過，你所引用的話並不一定要來自名人，最主要的是，那句話是不是能夠減輕失去者的哀慟，是不是會給予他們力量。[7]

當親人死亡的時候，人們的禱告會給予很大的幫助，在那本《美好的應許》（*Wonderful Promises*）一書中，有這樣一個禱告：

主啊！在我無法承擔人生的一些遭遇時，幫助我去領取你那美好的應許，讓來自你的勝利去克服眼淚、死亡、悲哀和痛苦。我為一切都將在你裡面得到更新，以及我將在你的國度裡所分享的，感謝讚美你。[8]

下面這個特殊的禱告，可以幫助哀慟者去面對他們赤裸裸的感受：

天父，我感到如此空虛，我有苦毒，甚至對你也有。我悲痛，不只因為我失去了所愛的人，也因為，我裡面那個愛他的部分，也死去了。你曾經把死去的人帶回人間，我求你把我那死去的部分帶回來，讓我能夠重新想要活下去，重新去愛這個世界和那些我所認識的人。我堅信，你會來醫治我這個致命的創傷。[9]

如果你問：要幫助哀慟者，最不可缺的人格特徵是什麼？那我會說，是「耐心」。你會聽到他們不斷重複同樣的故事、同樣的細節、同樣的眼淚，一次又一次。這些都是正常的，而且是他們必須走過的路程。但是，其中你可能料想不到，也不知如何處理的是憤怒。有時候，他們憤怒的程度會讓你想說：「夠了！」但是，那也是一種正常和健康的反應，只要是在合理的範圍之內。

在這當中，你可能還會成為那人發怒的對象，但是，如果他又突然退縮到他的殼子裡面去，不需要催促他，這些都是哀慟的一部分。你可能會覺得，他好像幽靈，從這個真實世界穿進來又穿出去。《超越哀慟》（*Beyond Grief*）一書的作者寫道：

從哀慟中得醫治是沒有時間表的，在醫治能夠起步之前，那些存活的親人將會忍受劇烈的痛苦，在這段期間，你必須有耐心，絕對不要顯出不耐煩的態度。

從你開始慰問哀慟者，關懷他們的痛苦，到日後長期支持鼓勵他們的過程中，你可能會感到自己很難保持平衡。你不太可能用否認事實或顧左右而言他的方式，防止他們去面對失去的痛苦，又同時讓自己保持積極和正面的態度，去幫助他們處理哀慟。

這時候，你所能採取的方法是肯定死者的生平，在談話中，提起那人曾經幫助過他人的好行為。同時，在適當的機會，也不妨提起哀慟者從前感興趣的事。在你心裡列一張清單，把哀慟者喜愛的嗜好或人物記下來，用隨意提起的方式，讓那些愛好在他心裡繼續保持熱度和火花，好比園藝、寵物、他喜歡去的購物地點、打高爾夫球的夥伴，或社區裡的一些有趣活動。當你這樣做的時候，你就是在幫助他了解一件重要的事：以前，他曾經對這些人事物有過興趣，未來，他還是會對這些東西保持興趣的。[10]

不管他們失去的是什麼，你還可以提供一些實際的幫助。我希望你能開始對人們「所有的失去」都產生敏銳度，尤其有許多失去並不被大家看成是失去，而所有人生的重大失去都會深深地切入我們的靈魂，不論是離婚、人際關係的斷裂、失去職位或工作，或是死亡。

在你去幫助哀慟者的時候，你需要考慮三方面的情形：第一，先了解他個人的情況和需要。第二，決定你願意提供哪些協助，你是否有那份能力；要知道你不可能把所有的事都包攬在自己身上，而且你也不應該全部包攬。第三，選出你所願做的項目中最困難的一項，然後聯絡那人，告訴他你願意協助那一項。如果他不要你去做，你就建議另外一項。幫忙的項目可包括餵他的寵物，預備一些食物送到他家，幫他整理院子，幫他打那些不好打的電話，幫他搜集互助團體的資料，或新的工作機會，自願當司機接送，幫他做一些跑腿的工作，等等。在你提供協助的期間內，有機會就給他一些有助的書籍或光碟。[11]

當哀慟只影響到一個人，你單獨服事那人即可，但是，如果事件影響到整個家庭的話，服事就應該分散到家庭的每一個成員，不論是大人或孩子。仔細觀察每個成員的人際網絡，有哪個人是最難得到支持的，然後確定那人可以得到幫助。

年復一年，我們認識的親友當中，都有人死亡或失去親人。在聖誕節之前，我們應該檢查一下我們的卡片單子，是不是有需要更改，以免引發收件人的悲傷情緒。比如，若失去配偶的人看到卡片是給「某某先生和夫人」，那麼，他們可能會感到突來的悲痛。

在幫助哀慟者時，有些特別事項必須有人承當，不管是你還是其他的關懷人士，尤其是關係到死亡的情況，這些事項不是能夠一蹴可幾的，而是需要花一段時間逐漸完成，包括：

幫助哀慟者辨認出連帶的失去，並且幫助他們處理與死者之間尚未完結的事。對許多經歷哀慟的人，這些連帶的失去從來沒有被區別出來，也沒有得到適當的處理，這些失去包括家庭角色的消失，家庭單位的瓦解，社交網絡的破碎和斷裂，等等。哀慟者若能說出未曾坦露的感受，或對逝者說話，會有助於完結哀慟者與死者之間的未了之事。

幫助他們了解，哀慟並不只是關於失去了所愛之人，哀慟也關係到他們對那人原來所具有的夢想、期待，甚至包括幻想。這種連帶的失去通常會被忽略，也不被人們考慮，因為，對別人來說，它們根本沒有實現也沒存在過，但是，在哀慟者的眼裡，它們都具有很高的價值。

留意哀慟者的能力狀況，看看他們是否在某些方面無法應付或勝任。幫助他們處理他們所掙扎的事項，同時，當他們有正面的表現，例如開始表達他們的哀慟時，就多加鼓勵。但是，如果他們所做的事是有害的，比如逃避現實，開始酗酒或過度使用藥物，你就需要幫助他們尋找比較健康的選擇。

由於絕大部分的人都不了解哀慟的過程和時間的長短，你可以告訴他們一些與他們此刻的經歷相關的知識。你需要幫助他們把哀慟正常化，但不是去忽視它，你也需要讓他們知道每一個人的哀慟過程都有它的獨特性，所以，他們不需要把自己的過程和別人作比較，不要讓他們覺得，哀慟期的長短代表了他們對那人的愛，因為這兩者是不能畫等號的。

讓他們知道，你了解他們目前可能不願意去面對所失去的，因為太傷痛了。你設身處地的態度、了解和尊重，能夠幫助他們了解哀慟的過程是正常的。適當地鼓勵他們去處理內心的痛苦，因為，避免它絕對不是一個解決的辦法，如果他們一直去避免傷痛，有一天，那份哀慟會潰決。他們需要時而被提醒一下，即使現在痛苦是那麼強烈，有一天，它終會慢慢減低的。

讓他們知道，他們的哀慟會影響到生活的每一個層面，工作習慣、記憶力、注意力、感情的強度，以及他們對配偶的反應，都會因哀慟而受到影響，這些都是正常的現象。

幫助他們了解哀慟的過程。在適當的階段，跟他們分享本書前面的一些測驗表，讓他們了解到，他們的情緒會有許多的波動，而他們的進步可能也會上上下下，並不是一條平滑的曲線，一旦他們對此有所了解，就不會因為感到沒有進步而焦慮了。你也應該幫助他們對特殊的日子有心理準備，比如生日、忌日、節期等等，以免他們觸景傷情，產生突如其來的哀傷。鼓勵他們說說對自己的期望，同時，也給他們一些客觀的看法，這樣可避免一些不實際的幻想。

幫助他們尋找一些途徑，好在靈裡、社交生活裡，和身體上重新得力。注意他們的飲食和運動習慣，不要讓他們錯過了平常該作的身體檢查，提醒他們注意自己的抵抗力，因為，通常在哀慟中，人們的抵抗力會降低。

在生活上一些現實的事情，也助他們一臂之力，免得他們在失去之後，作出不理智的決定。這些實際的事項也包括替他們預備食物，提供交通接送，協助財務上需要處理的地方，或幫助他們接受某些訓練，好準備找適合的工作。

有些時候，哀慟者會過早就作重要的決定，結果造成更大的損失。他們可能會想把房子賣掉，搬去新的城市，但是這樣做會使他們失去原有的根，也使他們少了朋友的支持。事實上，在哀慟開始後的一年之內，都不應該作任何重大的決定，那些決定表面上看起來也許很不錯，但是，通常都會使他們的哀慟更深、更嚴重。

在接下來的長期服事包括了幾方面，前面的篇章已經提過，但是，讓我們在這裡簡單地重溫一下。

幫助他們重新發現或發展出新的自我認同，跳脫出他們與死者生前的關係所產生的認同。他們需要正視這個人生的改變，才能處理失去那個身分所產生的哀慟（比如從「已婚」變成「單身」）。

在適當的時刻，讓他們知道，與離世的那人發展出一種新的關係是健康的。也許，你可以讀本書的某些部分給他們聽，許多人可能不熟悉這樣的觀點，但是，這是適應新生活的重要關鍵，你可以用平常談話的方式問他們，他們想保留哪些與死者共同的部分，包括特殊的日子、家裡一些舊有的習慣，哪些遺物要留下，哪些要丟掉，等等，還有，幫助他們想一些懷念死者的健康方法。

在你幫助他們處理哀慟時，不要忘記，你還有一份重要的任務，就是幫助他們重新開拓新生活，但是「何時開始」必須按著他們自己的生活節拍去決定。有些人需要某些指引，好幫助他們回到自己的生活崗位，尤其是，如果他們必須長期照顧一個病人，或家中有長者或身障者需要他們的照顧。在他們經過哀慟之後，重新適應這樣的生活例常是非常困難的。有時候，幫他們找到互助團體，能夠給予他們長期的精神需要。但是，你必須對他們回到生活常軌的能力和意願有足夠的敏感度，千萬不要鼓勵他們太快展開新的關係，尤其要小心，不要在他們的配偶死亡，或離婚後不久，就幫他們安排約會。記得，萬事都有定期。

在某一個時刻，你會有機會和他們談到，他們會從哀慟中學到很多珍貴的功課。不論是什麼樣的失去，我們都可以從中成長，並有所得，只是，我們不會馬上看見。當我們跟他們分享這一點時，讓他們知道，我們並不是在說那些所失去的並不代表什麼，我們只是要他們了解，有一天，他們會達到一個境地，在那裡，失去會轉變成靈裡的成長和造就。[12]

在你準備服事哀慟者，卻不是很確定自己該怎麼和他們對話的時候，羅倫・貝里格（Lauren Briggs）所寫的《當你不知道要說什麼的時候，你該說什麼》（*What to Say When You Don't Know What to Say*），可提供我們一些指引：

幫助他人的指引

×不該做的：

不要對他們說一些不智的話，還以為可以減少他們的傷痛，這類的話語如：「也許這樣是最好的。」「情況還可能比這個更糟。」「你一定會再婚的。」「你還年輕，還可以再生一個孩子。」「你很剛強，再過一陣子就不覺得怎麼樣了。」「你知道，上帝掌管一切。」人們說這些話的時候，以為可以給哀慟者一些希望，但是，對那些正在痛苦中掙扎的人來說，他們會覺得說話的人根本不了解所發生的事有多麼嚴重，所以，這種話對他們的痛苦是毫無助益的。

○該做的：

你可以用簡單明瞭的句子表達你的支持，比如：「在這個困難的時期，我常常想到你。」「這對你實在是很不容易的事。」「我可以感受到你的難過。」「但願我可以把你的痛苦挪去。」這樣的話語會讓聽者感到你了解他的處境，而他的感受也是正常的。

×不該做的：

不要說：「我真的很難過，」然後就突然停止了，你的朋友也在難受，但是，他不會知道怎麼反應你這樣的話。

○該做的：

你可以說：「我非常難過。」然後接著說：「我知道他對你有多重要。」「我也會想念他。」「我真希望能幫你一點忙，任何時候，你有需要都可以找我。」「我一直在為你禱告，告訴我，有沒有什麼特別的事情是我可以為你禱告的？」

×不該做的：

不要只是說：「有沒有什麼事要幫忙？」

○該做的：

在表達你想幫忙的意願時，不妨直接一點，同時，問一下你自己，如果你在同樣的處境會需要什麼樣的幫助？你可以給一些明確的建議，比如：「我今天要去超級市場，你需要我順便幫你買什麼東西嗎？」「明天我有空，能不能幫你洗衣服呢？」「要不要讓你的孩子下午到我家來玩？」大部分的時候，在危機中的人都不太確定他們需要什麼，更何況，他們可能不願意麻煩別人。

×不該做的：

別說：「你不應該有這種感覺。」

○該做的：

鼓勵她把自己想到的和感覺到的寫下來，常常，看到自己的想法寫在紙上，會幫助人們處理他們所面對的事情。

×不該做的：

不要回答他「為什麼」的問題，一方面是你並沒有答案，另一方面，在那個時候，答案到底是什麼還不是很清楚。約伯的那些朋友所討論的話題一點都沒有幫到他，他甚至說：「你們安慰人，反教人愁煩。」（約伯記十六章二節）

○該做的：

你只需要簡單地說：「我不知道為什麼。我想，我們都想知道為什麼，特別是你，我只希望我可以回答你的問題，但是我不能。」

×不該做的：

有關為什麼他要碰到這種問題，不要給他屬靈方面的答案，也不要說，他在經過這些事情之後會變得更堅強。因為，我們並不知道為什麼悲劇會發生，為什麼某些人會碰到那麼大的打擊。當我們在不知道真相的情況下，強迫擠出似是而非的答案時，我們不是在幫助我們的朋友，反而增加了他的混淆。

○該做的：

在當事人表達內心情感的時候，對他說：「是的，發生在你身上的事情的確很不公平，而且沒有道理。」儘管你並不一定同意他的看法。

×不該做的：

不要給哀慟者「恢復時間表」，如果你在話語之間暗示他現在應該已經恢復了，那只會妨礙他的進步。畢竟每個人恢復的方式和速度都不一樣。

◯該做的：

給他所有他所需要的時間，因為，他需要徹底處理哀慟中的每個層面的問題。

╳不該做的：

不要引用聖經經文去貶低他所感受到的情緒，在說話之前，你需要細想，那段經文在這個情況會給他安慰，還是會定他的罪。絕對不要懷著優越感和自我為義的態度去給他人屬靈的建議。

◯該做的：

發自內心給他們精神上的鼓勵，包括你在困難中曾得到幫助的話語或經文。讓他們知道你會每天為他們禱告。如果你跟他一起禱告的話，盡量減短，但是要反應出他在禱告中的感受，同時，把焦點放在上帝明瞭他的痛苦上頭，而且，祂會成為他安慰的來源。

× 不該做的：

如果你並沒有經歷過同樣的處境，絕對不要說「我了解」這樣的話。當你自己沒有那份深刻的經驗，自然不會知道他所經歷的困難，那樣的話語只會顯得空泛而不誠懇。同時，即使你知道一些類似的故事，他在哀慟中也不需要去聽那些第二手的恐怖報導。

○ 該做的：

對你自己的經驗保持誠實的態度，如果你沒有經歷過他所面對的悲劇，就說：「我沒有這樣的經歷，但是我要你知道我關心你，我會盡力幫助你走過這段困難的時間。」如果你的確有過類似的經歷，那麼，簡單地告訴他發生了什麼，然後強調你能感受到他的痛苦。當然，你不可能完全了解，因為你們沒有完全相同的過去，所以，你們的反應也許不盡相同。

× 不該做的：

在他最初的劇烈哀慟漸漸減輕之後，也不要忽略他的需要。

○該做的：

你應該與他保持幾個月的聯繫，尤其是在那些前面提過的特殊日子，讓那人知道你一直在為他禱告。詢問他的現況，並且繼續給他鼓勵的話語或卡片。

×不該做的：

不要對他們有不實際的期望，彷彿他們很容易就會輕鬆起來。

○該做的：

要了解他內心充滿了痛苦和混亂，讓他知道你願意聆聽他想說的，也願意分擔他的痛苦。

×不該做的：

不要使用口頭禪式的安慰話語，也不要用虛空的樂觀主義去遮蓋你自己的不知所措。

○該做的：

誠實地表達你的關愛，你可以說：「我覺得很尷尬，因為我不知道要說什麼，也不知道你的需要或該如何幫助你，但我要你知道我很關心你，而且一直為你禱告，如果有什麼需要，隨時都可以找我。」

×不該做的：

不要用「應該」或「假如當初」那樣的字眼，譬如「你『應該』把那些衣服捐掉。」「你『應該』回去工作，忘掉這一切。」「你『應該』有更大的信心。」「『假如當初』你多關心他一點……」「『假如當初』你對他的管教嚴格一點……」「『假如當初』你吃東西健康一點的話……」

○該做的：

在他們處理創傷的時候，給他們空間去作他們需要作的決定，讓他們採取他們必須採取的步驟。沒有人可以告訴另外一個人，他應該怎麼感覺或不該怎麼感覺。

×不該做的：

不要主動給他們建議。如果他們沒有尋求你的意見，你所提供的建議大概不會受到歡迎。

○該做的：

當你的朋友發生悲劇而詢問你的時候，要謹慎並存著禱告的心回答他，給他可以提振精神又可造就他的話。讓他知道，你每天都在為他禱告。而你偶爾也可以問一問，他希望你為他禱告什麼。[13]

當你自己走過了哀慟的旅程，你就比較能夠幫助那些走在低谷中的人。當一個人行走的時候，那段路程是極其孤獨的，但是，如果有人在旁邊，聆聽他們，或陪他們哭泣，時而給予他們安慰，哀慟中的人就會感到他們可以活下去了。

我們當中沒有一個人可以孤獨行走，耶穌曾經來到地上，而祂現在無時無刻不與我們同在，祂不斷地鼓勵並支持著我們。是的，生命中充滿了失去，但是因著耶穌，我們就可以在一切的事上得勝了。

療癒練習題

一、別人對你說過的意見之中，有沒有哪些是你希望他們從沒說過的？

二、別人與你分享過的話語或對你的態度，哪些對你最有幫助？

三、現在的你最想從別人那裡聽到什麼？

四、現在最需要你服事的人是誰？

你可以對他或她說些什麼話？或者為他或她做些什麼事？

請說明你將如何為那個人禱告，你將引用哪一段經文來幫助那人？

五、在本書第三百零一頁至三百一十一頁中有一份清單，說明當你要與他人談論失去的經歷時，什麼事最好不要做，以及什麼事應該做。請在這份清單上的每一個項目中，加入你自己的建議。

註釋

第一章

1. Dr. Ronald W. Ramsey and Rene Noorbergen, *Living with Loss* (New York: William Morrow and Co., 1981), 47–48.
2. W. Hugh Missildine, *Your Inner Child of the Past* (New York: Simon & Schuster, 1968), 59.
3. Archibald Hart, *Counseling the Depressed* (Waco, TX: Word, 1987), 123–27.
4. R. Scott Sullender, *Losses in Later Life* (New York: Paulist Press, 1989), 3.
5. Ibid., 16–18.
6. Ibid., 142–43.
7. Nina Hermann Donnelley, *I Never Know What to Say* (New York: Ballantine Books, 1987), 123.
8. Bob Deits, *Life after Loss* (Tucson, AZ: Fisher Books, 1988), 37.

第二章

1. R. Scott Sullender, *Grief and Growth* (New York: Paulist Press, 1985), 11–16.
2. Kenneth R. Mitchell and Herbert Anderson, *All Our Losses, All Our Griefs* (Philadelphia: Westminster Press, 1983), 48.
3. Therese A. Rando, *Grieving: How to Go On Living When Someone You Love Dies* (Lexington, MA: Lexington Books, 1988), 15–16.
4. Judith S. Wallerstein, Julia M. Lewis, and Sandra Blakeslee, *The Unexpected Legacy of Divorce: The 25 Year Landmark Study* (New York: Hyperion, 2000), xxxiii.
5. Jane S. Tucker, et al., "Parental Divorce: Effects on Individual Behavior and Longevity," *Journal of Personality and Social Psychology* 73, 141.
6. Richard F. Berg and Christie McCartney, *Depression and the Integrated Life* (New York: Alba House, 1981), 34.
7. Lloyd John Ogilvie, *Twelve Steps to Living without Fear* (Dallas: Word,

1987), 133.
8. Sullender, *Grief and Growth*, 96–101.

第三章

1. Lilly Singer, Margaret Sirot, and Susan Rodd, *Beyond Loss* (New York: E. P. Dutton, 1988), 62.
2. Rando, 11–12.
3. Ibid., 18–19.
4. Deits, 27.
5. Ibid., 28.
6. James Froelich, O.F.M. Cap, in a paper written for the Pastoral Helping Relationship graduate course (Loyola College, Baltimore, 1984).
7. Rando, 19.
8. Ibid., 242.
9. Robert Veninga, *A Gift of Hope* (Boston: Little, Brown and Company, 1985),15.
10. Sullender, *Grief and Growth*, 56.
11. Veninga, 71.
12. Frederick Forsyth, *The Negotiator* (New York: Bantam Books, 1989), 269.
13. Max Lucado, *No Wonder They Call Him the Savior* (Portland, OR: Multnomah Press, 1986), 105–6.
14. Ken Gire, *Incredible Moments with the Savior* (Grand Rapids: Zondervan, 1990), 96–97.
15. Deits, 144–46.
16. Archibald Hart, *Counseling the Depressed* (Waco, TX: Word, 1987), 78–84.
17. Deits, 103.
18. Glen W. Davidson, *Understanding Mourning* (Minneapolis: Augsburg Publishing House, 1984), 24–27.
19. Joyce Landorf, *Mourning Song* (Old Tappan, NJ: Revell, 1974), 63.
20. Sullender, *Losses in Later Life*, 7–10.
21. Ann Kaiser Stearns, *Coming Back* (New York: Ballantine Books, 1988), 16–17.

22. Michael Quinta Nilla, "Hotline Has Solace for the Grieving," *Los Angeles Times*.
23. Margaret Mead, as quoted in Deits, 148.
24. Davidson, 59.
25. Deits, 150–51, adapted by permission of the author as given in his book.

第四章

1. Terry L. Martin and Kenneth J. Doka, *Men Don't Cry . . . Women Do* (Philadelphia, PA: Brunner/Mazell, 2000), 35–52.
2. Roy W. Fairchild, *Finding Hope Again: A Pastor's Guide to Counseling Depressed Persons* (San Francisco: Harper & Row, 1980), 113–14.
3. Singer, Sirot, and Rodd, 82–83.
4. Delores Kuenning, *Helping People through Grief* (Minneapolis: Bethany House, 1987), 191.
5. Therese A. Rando, *Grief, Dying, and Death: Clinical Interventions for Caregivers* (Champaign, IL: Research Press, 1984), 52.
6. William Worden, *Grief Counseling and Grief Therapy* (New York: Springer Publishing Co., 1982), 84–85.
7. Sullender, *Losses in Later Life*, 115.
8. Rando, *Grief, Dying, and Death*, 63–64.
9. Helen Fitzgerald, *The Mourning Handbook* (New York: Fireside, 1994), 138.
10. Kuenning, 217.
11. Louise A. Allen, "The Forgotten Man: Creative Approaches to Helping the Widower," *Thanatosi* 1, vol. 8:5.
12. Rando, *Grief, Dying, and Death*, 59–62, 64–67.

第五章

1. Rando, *Grieving*, 231–34.
2. John James and Frank Cherry, *The Grief Recovery Handbook* (New York: Harper & Row, 1988), 109–21.
3. Rando, *Grieving*, 251.
4. Ibid., 238–39.

第六章

1. Stearns, 104–5.
2. Ibid., 110–12.
3. Ibid., 126–30.
4. John Powell, S.J., *The Secret of Staying in Love* (Niles, IL: Argus Publications, 1974), dedication.
5. David C. Morley, *Halfway Up the Mountain* (Old Tappan, NJ: Revell, 1979), 77–78.
6. James Weldon Johnson, *God's Trombones* (New York: Viking Press, Inc., 1955).
7. Max Lucado, *The Applause of Heaven* (Dallas, TX: Word, 1990), 186–87.
8. Ibid., 190.

第七章

1. Ann Kaiser Stearns, *Living Through Personal Crisis* (Chicago: Thomas More Press, 1984), 85–86.
2. Dale and Juanita Ryan, *Recovery from Loss* (Downers Grove, IL: InterVarsity Press, 1990), 40–41.
3. Rando, *Grieving*, 281–83.
4. Ibid., 284–86.
5. Charlotte Greeson, Mary Hollingsworth, and Michael Washburn, *The Grief Adjustment Guide* (Sisters, OR: Questar Publishers, 1990), 90–91.
6. Ibid.
7. Ibid., 68.

第八章

1. As quoted in Ann Kaiser Stearns, *Coming Back* (New York: Ballantine Books, 1988), 157.
2. Ibid., 172.
3. Ibid., 157–215.
4. Kuenning, 20–21.

5. Dwight Carlson, *When Life Isn't Fair* (Eugene, OR: Harvest House, 1989), 38.
6. Carlson, 43.
7. Kuenning, 203. Quotation within this material is from Daniel Simundson, *Where Is God in My Suffering?* (Minneapolis: Augsburg Publishing House, 1983), 28–29.
8. Carlson, 52.
9. Harold Kushner, *When Bad Things Happen to Good People* (New York: Avon Books 1981), 129.
10. C. S. Lewis, *The Problem of Pain* (London: Collins Publishers, 1961), 36.
11. John Killinger, *For God's Sake—Be Human* (Dallas: Word, 1970), 147, as quoted in Richard Exley, *The Rhythm of Life* (Tulsa: Honor Books, 1987), 108.
12. Exley, 127, 137.
13. Don Baker, *Pain's Hidden Purpose* (Portland, OR: Multnomah Press, 1984), 72.
14. Lloyd John Ogilvie, *Why Not? Accept Christ's Healing and Wholeness* (Old Tappan, NJ: Revell, 1985), 162.
15. Larry Richards, *When It Hurts Too Much to Wait* (Dallas: Word, 1985), 67–68.

第九章

1. Gloria Kaufman Koenig, "Helping No. 1 Suicide Risk . . . Elderly Men," *Los Angeles Times*, November 15, 1984, and "Suicide—Retired Professor Chooses Death," March 15, 1989, adapted.
2. Judith Viorst, *Necessary Losses* (New York: Simon & Schuster, 1986), 269.
3. Jim Conway, *Men in Mid-Life Crisis* (Elgin, IL: David C. Cook, 1978), 17–18.
4. Sullender, *Losses in Later Life*, 43–47.
5. Ibid., 45–46.
6. Ibid., 51.
7. Ibid., 94–107.
8. Ibid., 157.

第十章

1. Donald Meichenbaum, *A Clinical Handbook/Practical: Therapist Manual for Assessing and Treating Adults with Post-Traumatic Stress Disorder (PTSD)* (Waterloo,ON: Institute Press, 1994), 23.
2. Elie Wiesel, "Parade Magazine," *Los Angeles Times*, 4–5, October 2001.
3. Sandra L. Brown, *Counseling Victims of Violence* (Alexandria, VA: American Association for Counseling and Development, 1991), 9.
4. Diane Langberg, quoted from a presentation for the TRIP Conference (New York City, October 2001), adapted.
5. Aphrodite Matsakis, *I Can't Get Over It: A Handbook for Trauma Survivors*(Oakland, CA: New Harbinger, 1992), 6–7.
6. Ibid., 23–24.
7. Ibid., 10–13.
8. Langberg.
9. Robert Hicks, *Failure to Scream* (Nashville: Nelson, 1993), 21.
10. C. S. Lewis, *A Grief Observed* (London: Fober & Fober, 1961), 9.
11. Brown, 22–24.
12. C. S. Lewis, "Relapse," *Poems*, Walter Hooper, ed. (New York: Harcourt Brace Jovanovich, 1964), 103–4.
13. Hicks, 46.
14. Matsakis, 18–22.
15. Raymond B. Flannery Jr., *Post-Traumatic Stress Disorder* (New York: Crossroad, 1992), 36–37.
16. Terence Monmaney, "For Most Trauma Victims Life Is More Meaningful,"*Los Angeles Times*, October 7, 2001, 9. Citing research from Richard Tedeschi, University of North Carolina; Dr. Robert Ursano, Uniformed Services University of the Health Sciences in Bethesda, MD; Dr. Sandra Bloom.
17. Matsakis, 134.
18. Ibid., 15, 153.
19. Ibid., 159.
20. Ibid., 160–263.
21. Ibid., 236.

第十一章

1. Betty Jane Wylie, *The Survival Guide for Widows* (New York: Ballantine Books, 1982), 115.

2. Donna and Rodger Ewy, *Death of a Dream* (New York: E.P. Dutton, 1984), 80.

3. Wylie, 113.

4. Fred Bauer, *Just a Touch of Nearness* (Norwalk, CT: The C.R. Gibson Co., 1985), 24–25.

5. Source unknown.

6. Joe Bayly, *Last Thing We Talk About* (formerly titled *The View from a Hearse*) (Elgin, IL: David C. Cook, 1969), 40.

7. Barbara Russell Chesser, *Because You Care* (Waco, TX: Word, 1987), 122–23. Robert V. Ozment, *When Sorrow Comes* (Waco, TX: Word, 1970).

8. Norman Vincent Peale, *Wonderful Promises* (Carmel, NY: Guideposts, 1983), 32.

9. Phyllis Hope, *Coping* (Carmel, NY: Guideposts, 1983), 233.

10. Carol Staudacher, *Beyond Grief* (Oakland, CA: New Harbinger Publications, 1987), 230–31.

11. Ibid., 231–32.

12. Rando, 227–50.

13. Lauren Briggs, *What You Can Say . . . When You Don't Know What to Say* (Eugene, OR: Harvest House, 1985), 150–55.

國家圖書館出版品預行編目資料

失去，如何療癒
諾曼・萊特(H. Norman Wright) 著；金幼竹 譯
初版. -- 臺北市 : 宇宙光全人關懷 , 2016.07
320面 ;15×21公分（心理・關懷；8）
譯自:Recovering from Losses in Life
ISBN 978-957-727-486-1 (平裝)
1. 基督徒 2. 心理創傷 3. 信仰治療

244.92 105006817

失去，如何療癒

作　　者：諾曼・萊特
譯　　者：金幼竹
主　　編：金薇華
責任編輯：王曉春

資深編輯：張蓮娣
編　　輯：郭美鈞
網頁編輯：王品方

發 行 人：林治平
出版發行：財團法人基督教宇宙光全人關懷機構
地　　址：台北市和平東路二段 24 號 8 樓
電　　話：02-23632107　　傳真：02-23639764
網　　站：www.cosmiccare.org/book
郵政劃撥：11546546（帳戶：宇宙光全人關懷機構）

承 印 廠：晨捷文化事業股份有限公司
經 銷 商：貿騰發賣股份有限公司 www.namode.com
電話：02-82275988　地址：新北市中和區中正路 880 號 14 樓

2016 年 7 月 1 日初版 1 刷
2019 年 11 月 20 日初版 3 刷
定價：320 元